園力アップ Series 2

保育力はチーム力
同僚性を高める
ワークとトレーニング

新保庄三＋編集委員会
協力●武蔵野市／（公財）武蔵野市子ども協会

ひとなる書房

はじめに　チーム力アップを求めて

「保育力はチーム力」編集委員会

　「職場のチーム力（同僚性）を高めること」は、保育の現場の要です。子ども理解を深め、実践の質を高めるために、また、何か問題が起きたときにも、求められるのは「チーム力」です。そして、そのためには、職員全体のコミュニケーション力を高めて、自ら考えられる人、柔軟な思考の人、共感力の豊かな人を育てることが課題となっています。

　そこで、武蔵野市の保育総合アドバイザー・新保庄三先生が平成16年より市内の各園で行ってきたワークをどこの職場でもできるようにと、新保先生の企画・監修のもとで、本書刊行に向けて編集委員会を作り、1冊の本としてまとめることになりました。

現場の実態から

武蔵野市の保育園改革

　武蔵野市では平成16年から公立保育園改革が行なわれてきました。保育園運営の効率化と保育の質の維持・向上の両立を目指しながらさまざまな形で改革が行われ、平成23〜25年にかけて武蔵野市が出資している『公益財団法人武蔵野市子ども協会（略称・子ども協会）』へ公立9園のうち5園の設置・運営主体の変更が実施されました。

公立保育園・子ども協会の保育園と新保先生との出会い

　公立保育園改革がスタートした平成16年より新保先生による「カウンセリング研修」が始まりました。児童虐待がクローズアップされ、家族のあり方が多様化して保護者対応に苦慮するケースも出てきた頃です。数年掛けて全職員と嘱託保育士が受講しました。その後、新保先生には園長研修や園長・副園長合同研修の講師や、武蔵野市の保育園・こども園に保育総合アドバイザーとして、各施設ごと年2回の巡回をしていただいて現在に至ります。

巡回時は、さまざまなワークに取り組んでいます。園によっては専門職職員（調理・栄養・保健・用務など）や非正規職員（嘱託・アルバイト・パート）も対象に行っています。職層が異なる職員が同じ土俵に立てるよう、ワークをきっかけにして、○○園職員というチーム力を上げることが、とても重要なのです。

風通しの良い職場にするためには

　公立保育園から子ども協会に移管された園の中には、新園舎に建て替えられ、待機児童対策として乳児定数の枠が拡大された所もあります。乳児定数が増えたため、保育士の人数も増えました。たとえば、北町保育園の場合、移管初年度の新規採用は嘱託保育士も含めると10人。民間園からの転職者や新卒など、キャリアもさまざまでした。1、2歳児クラスはそれぞれ2クラスずつになり、担任同士のコミュニケーションがますます重要になる中、全職員が顔を合わせる会議で活発な意見交換をするためにはさまざまな工夫が必要でした（P.10 ドキュメント参照）。しかし現実には、11時間開所の職場はシフトなど時差勤務のため、互いに顔を合わせる機会が以前よりも少なくなりました。子どもの午睡中が唯一話せる時間ですが、会議や打ち合わせでゆっくり話す時間が取りづらくなり、朝夕の挨拶もしないままに一日が終わる日もありました。そして、この状況は、公立保育園も同じでした。

　人は、普段あまり話していない人の前では発言をためらいます。そんな状況では「あ・うん」の呼吸が生まれることもなく、ひと声掛ける大切さもなかなか実感できません。また、今はSNSによる繋がりが増え、顔を合わせて言葉を掛け合う関係が少なくなっています。自分の思いを自分の言葉で語る機会が少ない若手職員や、保育キャリアが違う職員が集まっている状況では、手取り足取り教える人も時間もありませんでした。

　そんな中、新保先生の園巡回によって、職員関係や保護者対応を円滑にするうえで、多くの学びや今後の方向性を考える機会を得ることができました。

ワークが果たす役割

　園の会議は、共通認識をもったり、意見交換をしながら方向性を決めていったり、子ども理解を深める大切な場です。人数が少なければ、会議中に全員が発言する機会をもてますが、なかなか本音で話せない職員もいました。そこで巡回研修で学んだワーク形式をさまざまな方法で会議に取り入れてみました。

　たとえば「1人で考え、2人で話し、それから4人で話し、それぞれが発表する」ワーク（P.70〜73）をメンバーの構成を変えながら、毎回積み重ねてみると、短時間で簡潔に思いを整理できるようになり、次第に自分の意見を伝えることが上手になっていきました。この「上手」というのは、良い意見ということではありません。発言者の意図していることや思いが簡潔にみんなに伝わるようになったのです。

　とはいえ、ワークが最初から楽しかったわけではありません。職員の中には巡回研修に苦手意識をもっていたり、会議中のワークに消極的だったりする人もいました。でも、回数を重ね、「おしゃべり」のワーク（P.46〜51）を繰り返していったところ、もっとしゃべりたくなってくる自分を実感していきました。

　また、ワークで知り得たことを話題に、それまであまり会話の無かった同僚と話をするようになった人もいました。挨拶に一言が加わり、互いのことを知るようになると、会話が弾み、心も和みます。ささいなことでも一緒に考えて、一体感を得られます。保育観が違っても、クラスを越え、経験年数を越えて、子どもの話はできます。日頃から子どもたちの姿を話していると、保育反省のときに、書いた文章からも発言からも担任の思いが伝わってくるようになります。

　園職員は仲良し集団を目指しているわけではありません。保育の話や子どものことなら、雇用形態も立場も関係なく、対等に話せる大人同士の関係でありたいと思います。子どもたちは、大人の言動をいつもよく見ています。大人が弱音を吐けない環境では、子どもたちも「失敗していい、間違えてもいい」という雰囲気にはならないでしょう。大人自身がこれでいい、自分のままでいいと自己肯定感をもつことが子どもたちにも伝わっていくのです。

読者の皆さまへ……子どもたちの前ではみんな同じ保育士だから

　保育は対人援助の仕事です。子ども子育て支援新制度のもと、保育施設は子どもの発達保障と保護者の就労支援という従来の役割に加えて、子育て支援を含む保護者支援や地域支援がより求められています。さまざまな対象の人たちと関わりをもとうとする時に、コミュニケーション力はとても重要です。

　園生活の流れをマニュアル化することはできますが、保育そのものをマニュアル化することはできません。なぜなら、保育は保育士それぞれの人間性を通してなされるものだからです。子どもの前では、パートもバイトも正規も関係なく、子どもたちの規範となる1人の大人です。大切な命を守るためには、いろいろな人間性をもった保育士が、互いにその違いを認め合い、コミュニケーション力で心を通わせ、繋がりあったときの喜びを支えにしていれば、みんなで考え話し合い、誰もが安心できる居心地のいい園にできるのではないでしょうか。

　会議で子どもの話ができないとき、同僚と意見が合わず保育の計画を立てられないとき、若手とベテランの溝に悩むとき、ぜひこの本を開いてください。何から始めてもいいのですが、ひとまず、コミュニケーショングラフ作り（P.42〜45）をお勧めします。まずは、現場のコミュニケーション力の実態を把握して課題を見つけることが大切です。そして、取り組めそうなワークから始め、慣れたら必要だと思うワークへ進むといいでしょう。すてきなヒントが見つかるはずです。

　最後に、一緒にワークに参加し、多くの率直な感想を寄せたり、この本のために下案作りに協力をしてくださった武蔵野市立保育園、並びに武蔵野市子ども協会保育園・こども園の皆さんと、わたしたちを励まし、助言くださった保育総合アドバイザーの新保庄三先生に、心より敬意とお礼を申し上げます。また、刊行にあたり、ご協力くださいました武蔵野市子ども家庭部子ども育成課と、武蔵野市子ども協会の皆さま、および、ひとなる書房の皆様に心より感謝申し上げます。

2017年2月

Contents　保育力はチーム力

- ■はじめに　2
- ■この本の使い方　9
- ■ドキュメント　おもてなしの会　10

第1部　チーム力の土台を作ろう　13

「こころ」と「からだ」をほぐす　ウォーミングアップ

1. 回転式 いない いない ばあ　14
2. 回転式握手　15
3. じゃんけんパンチ①　18
4. じゃんけんパンチ②　19
5. エア・縄跳び　20
6. エア・バレーボール　20
7. 信頼のワーク　22

コミュニケーション力を高めるために　相手を知る　自分を知る

1. 1人ひとりを知るために、つなぐために　26
2. 「山が好きか、海が好きか」ワーク　28
3. 大うそつき大会　30

Contents

第2部　職場の課題を見つけよう　33

職場の課題を「見える」化する　コミュニケーショングラフ

1. 「コミュニケーショングラフ」って、なあに？　34
2. 4つのキーワード　36
3. キーワード1／おしゃべり　37
4. キーワード2／弱音をはく　38
5. キーワード3／声かけ　39
6. キーワード4／対話　40
   ■フォーマット コミュニケーショングラフ　41
7. コミュニケーショングラフを作る　42

4つのキーワードに基づく　11種類のワーク

1. おしゃべりのワーク
   - ワーク①「わたしの好きな物」　46
   - ワーク②「回転式おしゃべり」　48
2. 弱音をはくワーク
   - ワーク①「深呼吸」　52
   - ワーク②「泣ける話」　52
   - ワーク③「昔話をする」　53
   - ワーク④「失敗を語る」　54

3. 声かけのワーク
   - ワーク①「あいさつ」　56
   - ワーク②「大好き」　58
   - ワーク③「ほめほめシャワー」　60
4. 対話のワーク
   - ワーク①「1・2・3」　62
   - ワーク②「POPOPO」　64

Contents　保育力はチーム力

チーム力を高める 「武蔵野式会議」の進め方

1　会議に向けての準備　66
2　グループワークの場合　その1　68
3　グループワークの場合　その2　70
4　会議シート使って　74
　■Column　リーダーの力は日々のやり取りで高める　76
　■フォーマット　園内ワーク記録用紙　78／ケースワーク報告書　79／会議シート　80

第3部　チーム力アップのプロセス　81

具体例を通して考える　チーム力アップに向けて

Case❶　職員のやり方が気になったとき　82
Case❷　人間関係で問題が起きたとき　85

実践事例　現場での試み

Case❶　職員が入れ替わる年度始めに実施　90
Case❷　悩みや戸惑いを共有するために　92
Case❸　話すことが苦手な職員のために　94
Case❹　もっと同僚を身近に感じるために　96
Case❺　調理室での緊張をやわらげるために　97
Case❻　チーム力の変化を検証する　98
Case❼　職員に宛てた園長だよりの発行　105

　■おわりに　108
　■武蔵野市の保育概要　110
　■参加者の感想　32　47　51　58　61　63　65　69　75　104

この本の使い

本書は 3 部に分かれています。第 1 部と第 2 部は、チーム力の土台を作り、高めていくための具体的な提案を取り上げています。第 3 部はケーススタディです

第1部

最初のステップとして、参加者がリラックスできるよう、準備運動のようなワークを紹介しています。いずれも、3 分程度のワークですので、職員会議の前に 1 つ行うだけでも、ずいぶん全体の雰囲気が変わります。

それぞれのワークの効果やファシリテーションのトーク例、また、参加した人の感想などを参考に、「おもしろそう」「これなら、できそう」と感じたものから始めてみてください。

1 回転式 いない いない ばあ

所要時間 3分程度

やり方 ＊P.16~17のトーク例もあわせて参照ください。

① 2人1組になり、向かい合い、列を作ります。
② 1回目は、普通の『いないいないばあ』を2人が同時に行います。
③ 次は『ばあ』の時に両手を開かずに、そのまま左右上下に動かします。相手と同じ向きだったら、ハイタッチをします。
④ 1人ずつずれていき、全員と②③を行います。

第2部

チーム力を高めていくための具体的なワークを取り上げ、それぞれに「手順」「ポイント」を紹介しています。また、手順をよりわかりやすくするための「ファシリテーションのトーク例」も掲載しています。なお、ワークに必要な書式（フォーマット）を掲載していますので、コピーしてお使いください。

「手順」ごとに、関連する「ポイント」をできるだけ真横に配置しています。

 手順
① A4サイズのコピー用紙を1人に1枚ずつ配ります。

 ポイント
・紙は横向きに使用します。マップ形式でも表組でもかまいません。

第3部

「職員間の気になること」をテーマにしたケーススタディです。対応のポイントや、実際に武蔵野市の保育園やこども園で試みた事例、その後の変化などを取り上げています。気になる事例から読んでください。

おもてなしの会

ドキュメント

武蔵野市子ども協会　北町保育園

職員同士がコミュニケーションをとる機会を設けてチーム力アップを図った3年間の取り組みを紹介します。

平成25年度　「おもてなしの会」立ち上げ

きっかけは、新園舎の完成

　平成25年の春、職員の思いや願いを形にした素敵な新園舎が出来上がりました。子どもの動線に配慮した園舎の設計でしたが、園庭が貯留施設建設のために工事中で、乳児と幼児の自然な交流が少なくなりました。それに伴って乳児の職員と幼児の職員の動線が交わることも減り、一日中、一度も顔を合わさないことも起きてきました。加えて、25年度は、新人職員が多く仲間入りして職員それぞれが日々の保育を安全に進めていくことに追われるような毎日でした。まさに「保育と保護者対応に精一杯でおしゃべりをする余裕がない」という日々に園長や副園長、主任保育士ら運営層は、今までにない職員間のやりとりの希薄さを感じていました。そこで、新保先生の助言をもとに、職員同士がコミュニケーションをとる機会として、「おもてなしの会」の立ち上げを中堅の職員に働きかけました。

```
おもてなしの会　第1回目の内容
主催　中堅保育者
実施日　12月11日（水）12日（木）の2日間
開催時間　13:30～14:30
場所　2階ランチルーム
活動　自分のプロフィールカードを作り、インスタ
　　　ントカメラで撮った写真と共に、壁面の模造紙に
　　　はり、その場に集まった職員とカードを見なが
　　　ら会話を楽しむ。
```

▲プロフィールカード例
ここに写真を添えて、模造紙に貼る。

おもてなしの会のルール作り

　おもてなしの会を継続していくために、ルールを作りました。
①仕事はもたずに、手ぶらで参加する。
②参加する時間がないときも、プロフィールカードは届けに来る。
③参加者は、呼んでほしい名前をシールに書いて胸に貼る。

平成26年度　振り返りと改善

振り返り

　25年度は主に昼間の時間帯を活用しつつ、数回夕方の時間帯にも開催してみました。夕方開催の場合は、仕事持ち込みＯＫにしたのですが、その方が、昼間より参加率が高くなりました。日々コミュニケーションをとろうと思っていても、つい目の前の忙しさに追われてしまうので、続けていけるよう、いくつか改善策を考えました。

試みと改善

・不定期開催でしたが、12月からは毎月1回、第二火曜か水曜に開催することにしました。
・開催時間を 16:30～18:30 に変更しましたが、参加状況に応じて昼間開催も検討するなど柔軟な対応を心がけました。
・出欠はとりませんが、出席した人のチェックは行いました。また、不参加が続いている人には「おもてなしの会」を主催するメンバー（中堅職員）が声をかけるようにしました。
・場が和むように、主催するメンバーでお茶とお菓子を用意する係を作りました。メンバーに負担がかかりすぎないよう、参加する人にはマイコップの持参をお願いしました。

ルールの変更

①日誌など、仕事持参ＯＫ。
②自分の次に来た人にお茶をついで出す。（できれば、「お疲れさま」とひと声かける）
②参加は自由。いつ来て、いつ帰ってもよい。

今後に向けて

　「とにかく集まろう」から「集まって何かやろう」と、少しずつ「おもてなしの会」も変化してきているようです。今後は、誕生日を祝ったり、自分には不要になった本を並べて「ご自由にどうぞ」コーナーを作るなど、プラスワンの楽しさを考えていこうという意見が出ました。

おもてなしの会

> 平成27年度　さらなる進化

振り返り

　「おもてなしの会」は3年目に入りました。職員の入れ替わりもあったので、あらためて、この会のねらいを文章にして、職員間で共通認識が図れるようにしました。プロフィールカードも作り直すことにしました。26年度は嘱託職員が参加できない時間設定になっていたので、27年度はいろいろなパターンで開催することにしました。

定着に向けて

　ルールは26年度のルールを踏襲しました。ただ、プロフィールカードを作り直して、プロフィール表にするために、1回目の参加時にインスタントカメラで写真を撮ることを決めました。また、プロフィールの内容を原稿として書いてもらうよう、事前に用紙を配布しました。

　定例開催は、26年度と同様ですが、嘱託職員も参加できるように、年に2回（9月と1月）は、昼間（13:00～14:00）に設け、調理室にも呼びかけました。職員の誕生日をみんなで祝う取り組みは好評で、27年度も引き続き行いました。
＊誕生日をみんなで祝う取り組みについては、P.100で詳しく紹介しています。

さらに楽しく

　イベント的な要素を盛り込んだ企画が提案されました。
・職員の一人が講師になってその人の得意なこと（たとえば、「おいしい紅茶の入れ方」や「リラックスするストレッチ」など）を教えてもらう。
・家にある使わない物などがあれば持ち寄り、「ご自由にどうぞ」のコーナーを設置する。展示の期間を設け、もらい手がなかったら持ち帰る。

＊「おもてなしの会」は、28年度以降も引き続き行われています。

第1部 チーム力の土台を作ろう

最初の1歩は、「肩の力を抜き、リラックスした気持ちをもつこと」です。
そのための楽しいワークを紹介します。

「こころ」と「からだ」をほぐす
ウォーミングアップ

運動を始める前に準備体操を行うように、ちょっと心と体をほぐして、コミュニケーションをとりやすい雰囲気を作りましょう。参加人数の規模や、慣れ具合によって、取り組めそうなものをいくつか選んで行ってみましょう。いずれも短時間で行えます。

1 回転式 いない いない ばあ

所要時間　3分程度

やり方　＊P.16~17のトーク例もあわせて参照ください。

①2人1組になり、向かい合い、列を作ります。
②1回目は、普通の『いないいないばあ』を2人が同時に行います。
③次は『ばあ』の時に両手を開かずに、そのまま左右上下に動かします。相手と同じ向きだったら、ハイタッチをします。
④1人ずつずれていき、全員と②③を行います。

ポイント

・最初の2～3回は、進行役（ファシリテーター）が「せーの」とかけ声をかけるといいでしょう。進行役は主任やリーダーが務めます。
・参加人数が奇数の場合は、1人は声をかける役になります。偶数の場合は、「列のこの角に来た人が声をかける」など、声かけのルールを決めておきます。

効果

・声を出すので、リラックス効果も高いです。
・気持ちを合わせようとするので、職種や、職層（正規・非正規・ベテラン・若手など）が違っても、その後のコミュニケーションのとり方が違ってきます。

2 回転式握手

所要時間　3分程度

やり方

① 2人1組になり、向かい合い、列を作ります。
② 手を握り、痛くない程度にお互いにぐっと手に力を込める動きを2〜3回やってみます。
③ 今度はかけ声に合わせ、それぞれ力を込める動きの回数を1回〜3回から選んで握ります。このとき、相手と回数があったらハイタッチをします。
④ 1人ずつずれていき、全員と同じように行います。

ポイント

・握る回数を決めるとき、自分が何回握るかは言いません。ファシリテーターは「気持ちを合わせて、声に出さずに握手しましょう」と声をかけます。

効果

・握手をすることで、相手にふれるので、「回転式 いないいないばあ」より、さらに一歩近づいた雰囲気になります。
・人数が多いときは、ファシリテーターは参加者をいくつかのグループに分けて、1分間程度で終われるように調整しましょう。

Memo　ファシリテーター

　会議やプロジェクトなどの集団活動がスムーズに進むように、また成果が上がるように支援する「ファシリテーション」を専門的に行う人のことを指します。特定非営利活動法人日本ファシリテーション協会では、ファシリテーションを「人々の活動が容易にできるように支援し、うまく運ぶように舵取りすること」と定義しています。ファシリテーター自身は中立的な立場なので、意見を述べたり、意思決定をしたりすることはありません。

「回転式 いない いない ばあ」 ファシリテーションのトーク例1

<人数が偶数の場合>

❶「回転式　いない いない ばあ」というワークを始めます。
　3分間のワークです。まずはペアを作ります。
　誕生月が1月生まれの人を先頭に順番に並んでください。
　そして、先頭から2人1組になって、向かい合いましょう。

❷向かい合った相手と「いない いない ばあ」してみましょう。
　わたしが「せーの」と、声をかけますから、
　それに合わせてやってみてください。「せーの」

❸（参加者の動きを確認した後）
　次は、「ばあ」と顔を見せるときに、顔を隠している手を左右に開か
　ずに、こんなふうに、左右どちらかにずらします。（やってみせる）

❹では、いきます。「せーの」

❺（参加者の動きを確認した後）相手の人と同じ方へずれた組は
　相手の人とハイタッチしてください。
　（ハイタッチを確認した後）では、相手を替えましょう。

❻左へ1人分ずれます。この列の最後尾にいるBさんは、
　むこう側の列の最後尾に移ってください。
　そちら側の列の先頭にいるCさんはこちらの列の先頭に移ります。
　では、Cさん、今度はわたしと一緒にかけ声をお願いできますか。

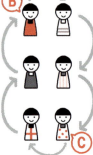

❼最初は普通の「いない いない ばあ」です。
　Cさん、いきますよ。「せーの」

❽（参加者の様子を確認した後）今度は両手をずらす「いない いない ばあ」です。
　Cさん、もう1回。せーの。

❾同じ向きだった組はハイタッチです。そして、左へずれます。
　また同じように、最初は普通の「いない いない ばあ」です。
　今度から、Cさんの位置に来た人は1人でかけ声をお願いします。
　では、3分間行います。（時間を計る）

❿（時間がきたら）はい、終了です。

「回転式 いない いない ばあ」 ファシリテーションのトーク例2

＜人数が奇数の場合＞

❶（2人1組の作り方は、偶数の場合と同じ）

❷奇数なので、1人、相手のいない人ができますね。
相手のいないAさんは、この列の先頭にいらしてください。
向かい合った相手と「いない いない ばあ」をしましょう。
Aさん、わたしと一緒に「せーの」と声をかけてくださいね。
皆さんは、わたしたちのかけ声に合わせてやってみてください。「せーの」

❸（参加者の動きを確認した後）次は、「ばあ」と顔を見せるときに、顔を隠している手を左右に開かずに、こんなふうに、左右どちらかにずらします。（やってみせる）

❹では、Aさん、いきますよ。「せーの」

❺（参加者の動きを確認した後）相手の人と同じ方へずれた組は
相手の人とハイタッチしてください。
（ハイタッチを確認した後）では、相手を替えましょう。

❻左へ1人分ずれます。ここでAさんもずれます。
今度は相手がいますね。この列の最後尾にいるBさんは、
むこうの側の列の最後尾に移ってください。
そちら側の列の先頭にいるCさんは、今、
Aさんがいた位置にきてください。
今度はCさんがかけ声をお願いします。
この位置に来た人はかけ声をかける役です。

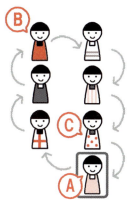

❼最初は普通の「いない いない ばあ」です。
Cさん、一緒にかけ声をお願いします。「せーの」

❽（参加者の様子を確認した後）今度は両手をずらす「いない いない ばあ」です。
Cさん、いきますよ。「せーの」

❾同じ向きだった組はハイタッチです。そして、左へずれます。
また同じように、最初は普通の「いない いない ばあ」です。
今度から、この1人の位置に来た人はかけ声をお願いします。
では、3分間行います。（時間を計る）

❿（時間がきたら）はい、終了です。

3 じゃんけんパンチ①

所要時間　30秒程度

やり方

① 2人組を作り、それぞれの組にイスを1つずつ用意しましょう。
② ペアを組んだ2人は、イスをはさんで向かい合います。
③ 左手で握手をしたまま、右手でジャンケンをします。
④ じゃんけんに勝った人は、握手をしたままの相手の左手の甲をたたこうとします。
　じゃんけんに負けた人はたたかれないように右手でカバーします。
⑤ ファシリテーターが「終わり」と声をかけるまで繰り返します。

ポイント

・最初にやり方を見せます。実際に始める前に、2〜3回練習するといいでしょう。
・始める前に、ファシリテーターは「では、30秒間行います。わたしが『スタート』と言ったら始めて、『終わり』と言ったらやめてください」と説明をします。
・じゃんけんパンチ①と次に紹介する②をセットで行うといいでしょう。

効果

・声を上げたり、体を大きく動かしたりするので、解放感が高まります。
・みんなで同じ動きを楽しむので、場の雰囲気の一体感も高まります。

4 じゃんけんパンチ②

所要時間　40秒間（①〜③＝20秒間　④〜⑥＝20秒間）

やり方

①じゃんけんパンチ①で多くたたいた人をA、多くたたかれた人をBとします。
②Bはイスに座り、AはBの前にしゃがみます。
③Aはじゃんけんパンチ①でたたいたBの手をマッサージします。
　BはAに感謝の気持ちをのべます。（20秒間）
④Aは場所を移動して、Bの後ろに立ちます。
⑤Bは後ろに立っているAに分かりやすいように大きく深呼吸しましょう。

吐くときは前かがみに、吸うときは後ろにのけ反るように大げさな動きで深呼吸します。

⑥AはBの呼吸に合わせて、自分も深呼吸しながらBの背中を軽く押します。
（20秒間）
⑦役割を交代して、②〜⑥を行います。

ポイント

・やり方②の場面で、ファシリテーターは「A役の人は『さっきはたたいてゴメンネ』という気持ちでマッサージしてくださいね。B役の人は『ありがとう』など感謝の気持ちをのべてくださいね」と伝えます。
・やり方⑥の場面では、「2人の呼吸が合っていますか」と声をかけ、相手と呼吸を合わせることを促しましょう。

効果

・じゃんけんパンチ①の雰囲気から一転して、相手と静かに心を合わせることで、集中力が高まります。
・相手と息を合わせることで心地よさや連帯感を感じ、安心感を得られます。

5　エア・縄跳び

所要時間　1分半程度

やり方

①架空の縄を持つ人を2人決めます。
②長縄を回すイメージで、①の2人は息を合わせて、腕を大きく動かします。
③他の人は2グループに分かれて、交互に回っている縄に入って、跳んで、向こう側へ抜けていきます。

ポイント

・縄を動かすつもりの2人が大事です。本当に長縄を回しているつもりで、足を肩幅より広く開き、一方の足をずらして踏ん張ったり、腰を落としたりして、構えます。回すときも縄を上にあげるときは背伸びをして、下げるときはしゃがんで、動きを合わせると臨場感が出て、雰囲気が盛り上がります。
・1人ずつ跳ぶだけではなく、みんなで一列になって大縄跳びにも挑戦してみましょう。持ち手に近い人は大きくジャンプする必要があります。みんなで声を合わせて数をかぞえるのも盛り上がります。

6　エア・バレーボール

所要時間　1分程度

やり方

①みんなで丸く広がり、大きな輪を作ります。
②1人がバレーボールを持っているつもりで、「○○さん受けてね」と声をかけ、ポーンと輪の中の1人にトスを送る振りをします。
③②で声をかけられた人がボールをレシーブする振りをして、別の人に「△△さん、いくよー」などと声をかけて、ボールを送る振りをします。
④ボールを落とさないイメージで、ファシリテーターが「終わり」と言うまで続けます。

ポイント

・慣れてきたら、「アタック！」と大きなアクションをしたり、「高くトスしたよ」と声をかけたりして、イメージの共有を図りましょう。雰囲気がより盛り上がります。

> 効果

- 武蔵野市では、新人研修などで「エア・縄跳び」を取り入れています。物が実際にあると、「できる・できない」や「上手・下手」が気になり、緊張してしまいますが、「エア」なら、なんでもでき、「失敗」はありません。実際に身体を動かすので、リラックス効果が高くなります。
- 「やっているつもり」のイメージをその場にいる全員で共有することで、一体感をもつことができます。最初はぎこちない感じでも、続けているうちに楽しくなってきて、「あら、ごめん、縄を引っ掛けちゃった」とか、「そっちに打ってないよ」などという演技者が出てきて大いに盛り上がります。

7 信頼のワーク

やり方① ＊進行役のトーク例を24ページで紹介してます。　　所要時間　15秒程度

①2人1組になります。体格の違いがあまりないほうがいいので、身長順に並んで順にペアを作っていくといいでしょう。
②じゃんけんをして、負けた人は目を閉じて立ちます。
③じゃんけんに勝った人は②の人の後ろに立ちます。このとき、間を空けすぎないように、30cm程度離れて立ちます。
④目を閉じている②の人はそのままゆっくりと後ろの人に体を預けていきます。
⑤5秒くらいしたら、支えていた人が体を戻します。
⑥役割を交代して同じように繰り返します。

やり方②　　所要時間　2分程度

①3人1組になります。2人1組を作ったときと同じように近くの人同士で組むといいでしょう。
②3人が縦一列になり、先頭と3番目の人は向かい合って立ちます。このときも、真ん中の人からあまり離れない位置に立ちます。
③真ん中の人はやり方①と同じ要領で後ろや前にゆっくり倒れます。
④後ろから支えている人はゆっくりと戻しながら、今度は前に向けてゆっくり押します。このとき、真ん中に立っている人は肩の力を抜いて、相手に全身を預けるイメージをもちましょう。
⑤前に倒れてくる人を支える場合は、相手の肩に手を当てて支えましょう。これを2～3回行います。
⑥真ん中の人が前後に倒れ、それを支える動きを2～3回繰り返したら、真ん中に立つ人を交代して、同じように繰り返し、全員が経験します。

team power up

第1部 チーム力の土台を作ろう

やり方❸ ＊進行役のトーク例を25ページで紹介してます。

所要時間　5分程度

① 5〜6人で1グループを作り、輪になります。
② 輪の中央に1人立ち、周囲の1人に身体をゆっくり預けます。輪の真ん中に立つ人は、誕生月の早い順とか、背の低い順とか、簡単に決められる方法で決めましょう。最終的には全員が輪の真ん中に立つので、だれが先にするかだけでのことです。
③ 支えた人は5秒くらいで身体を戻します。
④ 今度は別の人にゆっくり身体を預けます。
⑤ 身体を支えては起こす動きを繰り返し、30秒間くらいを目安にみんなで回すように動かします。
⑥ 真ん中に立つ人を交代して、同じように繰り返します。必ず、全員が真ん中に立つようにしましょう。

ポイント

・カウンセリングで用いられるポピュラーなワークです。最初に見本を見せるといいでしょう。
・倒れてきた人を支えて起こすまで5秒程度ですが、最初はファシリテーターが「1、2、3、4、5」とカウントしてもいいでしょう。
・身体を預ける人と、支える人の間隔が空きすぎないよう気をつけましょう。
・やり方②や③では、最初は身体を預ける人が真後ろにいる人に「○○さん、お願いしますね」と声をかけてから倒れます。その後は、身体を支えて戻す人たちの間で「△△さん、いいですか」と声をかけたり、アイコンタクトを取ったりして順に動かしていきます。

効果

・和やかな雰囲気になり、相手への信頼感が増します。
・相手を信頼して身体を預けられたことで、自己開示力が高まります。

「信頼のワーク」 ファシリテーションのトーク例1

> やり方❶

❶「信頼のワーク」を始めます。まずは、背の低い順に一列に並びましょう。厳密でなくてかまいません。大体でけっこうです。

❷先頭から順に2人1組になってください。1人の人は教えてください。わたしとやりましょう。

❸じゃんけんをします。じゃんけん、ぽん！

❹負けた人は目を閉じてください。

❺勝った人は負けた人の真後ろに立ちます。あまり間を空けすぎないようにしてください。ひじを曲げた状態の「前にならえ」くらいの間隔です。

❻目を閉じている人はそのままの姿勢で、ゆっくりと上半身を後ろに倒していきます。必ず支えてくれると相手を信じて、肩の力を抜いてゆっくり倒れましょう。

❼支える人は倒れてくる人の肩甲骨あたりに両てのひらを当てて、静かに、でもしっかりと支えましょう。
少し足を開いて、どちらかの足を1歩前に出して支えると、安定感があります。

❽（5秒数えて）はい、そっと身体を戻してあげましょう。

❾役割を交代して、同じように行ってください。

「信頼のワーク」 ファシリテーションのトーク例2

> やり方❸

❶さっき（やり方❷）の3人ずつのグループが2つずつ集まって、6人のグループを作りましょう。

❷6人で小さな輪を作ってください。

❸6人の中で誕生月がいちばん早い人が輪の真ん中に立ち、目を閉じます。

❹そして、真後ろにゆっくり倒れましょう。真後ろにいる人はそっと背中を支えます。（5秒カウントして）ゆっくり起こしてあげてください。

❺目を閉じている人はそのままの姿勢で、ゆっくりと上半身を後ろに倒していきます。必ず支えてくれると相手を信じて、肩の力を抜いてゆっくり倒れましょう。

❻起こしながら、次の人に「○○さん、お願いします」と声をかけて、その人に向けてそっと倒してあげましょう。真ん中の人は目を閉じたままです。

❼じゃあ、繰り返して、順に回していきましょう。心を落ち着けて、静かにゆっくりと行います。

（一通り終わったことを確認する）

❾真ん中に立つ人を交代して同じ要領で繰り返してください。

コミュニケーション力を高めるために

相手を知る 自分を知る

チーム力の土台を作るための「楽しみながらコミュニケーション力を高める」ワークを3つ紹介します。いろいろな個性の人が同じ場所で仕事をしています。お互いを知るワークを通して、コミュニケーション力を高めましょう。おのずとチーム力もついてきます。

1　1人ひとりを知るために、つなぐために

【やり方】　　　　　　　　　　　　　　　　　　　所要時間　3分程度

①5～6人で1つのグループを作ります。
②質問される人をじゃんけんで1人決めます。
③ほかの人は質問者となり、質問していく順番を決めます。
④質問者は②の人に順番に質問をしていきます。
　このとき、質問内容は、前の人の質問と答えに関連したものを意識して質問します。
⑤すべての質問が終わったら、1人ひとりが答えた人（②の人）と握手をして、「ありがとうございます」と言葉を交わします。
⑥質問された人が今度は質問者になり、質問者の順番の最後につきます。③で決めた順番に沿って④～⑥を繰り返し、すべての人が質問を受けていきます。

＜質問例＞

答える人
- 質問者1／海外旅行と国内旅行どちらが好きですか？
- 質問者2／最近行ったのはどこですか？
- 質問者3／そこで食べたおいしいものは何ですか？
- 質問者4／おすすめの旅行はどこですか？

> **ポイント**

- 質問する内容がばらばらにならないように、自分の手前のやり取りを踏まえながら、「何を聞こうか」と、質問を考えていきます。会話の流れの中で質問をすることを意識しましょう。
- ほかの人の質問に答えている話を聞きながら、相手のことが少しずつわかってくるので、もっと知りたいなと相手のよいところを探していくつもりで質問していきます。

> **効果**

- 職場には、いろいろな個性の人がいます。中にはちょっと苦手だなと感じる人もいるでしょう。でも、相手のよいところを見つけようと質問していくことで、「苦手」という先入観が弱くなっていきます。
- 質問する方と答える方の両方を経験するので、どういう運び方がお互いにとってスムーズかを実感することができます。

2 「山が好きか、海が好きか」ワーク

やり方❶　　　　　　　　　　　　　　　　　　　　　所要時間　3分程度

①5〜6人で1つのグループを作り、輪になります。じゃんけんや誕生月などで最初に質問する人を決めます。
②質問者は隣の人に「海が好きですか、山が好きですか」と質問します。
③聞かれた人は、海か山かを選んで「海（山）が好きです」と答えます。
④質問者は「なぜですか？」と理由を聞き、聞かれた人は理由を答えます。
⑤②〜④で答えていた人が今度は質問者となり、隣の人に同じ要領で聞きます。
⑥順番に、質問者と回答者を交代しながら進めていきます。

やり方❷　　　　　　　　　　　　　　　　　　　　　所要時間　3分程度

①ワーク①と同じ要領で「海が好きですか、山が好きですか」と隣の人に質問していきますが、相手の答えに対して、さらにもう1つ質問をします。
②答えた人が今度は質問者になって、隣の人に同じように聞いていきます。
③同じ要領で順にやり取りを繰り返します。

やり方❸　　　　　　　　　　　　　　　　　　　　　所要時間　3分程度

①3人で1つのグループを作ります。
②3人のうち、やり取りを観察する人をじゃんけんで1人決めます。
③残りの2人で質問者と回答者を決め、「山が好きですか、海が好きですか」の質問から始め、その理由を聞き、引き続き質問を重ねていきます。やり取りの時間は3分間です。
④観察者は2人のやり取りを観察しましょう。進行役は「始めてください」と声を掛け、時間を計ります。時間がきたら「終了です」と告げます。
⑤観察者の意見を中心に、ワークを振り返って話し合います。話し合いの時間は3分程度です。

> やり方 アレンジ

所要時間　3分程度

①やり方❸のメンバーで役割を替え、同じ要領で「山が好きですか、海が好きですか」の質問から始め、その理由を聞き、引き続き質問を重ねていきます。
②2～3回繰り返した後、質問者は「実はわたしは○○が好きなんです」と、相手の答えとは反対の意見を伝えます。
③観察者の意見を中心に、ワークを振り返って話し合います。

> ポイント

・「私はあなたのことに関心をもっている」ということを伝える努力が大切です。
・やり方❸で3人ずつのグループが作りにくいときは、5～6人のグループのままで、観察者のほかに、回答者を1人決め、順に質問を重ねていく方法で行いましょう。
・アレンジのワークで、相手の答えとは反対の意見を伝えるときは、相手の意見に共感する言葉を添えて否定にならないようにします。あえて否定的な言葉で返して、どんな感じがしたか話し合うのもいいでしょう。

> 効果

・立場が違うと、同じテーマでも感じ方が違うことを実感するでしょう。つまり、自分自身の中にもいろいろな自分がいることに気づきます。
・やり方③では、2人のやり取りを観察することで、「この人のやり方はわたしも参考にしたい」「自分だったらこういう展開にする」など、いろいろなコミュニケーションのとり方を知ることができます。
・このワークは、別名「面談のワーク」とも呼ばれていて、保護者との面談にも有効なワークです。

3 大うそつき大会

> **やり方**

所要時間　3分程度

① 4～5人ずつ1つのグループを作り、輪になって座ります。

＜うその自己紹介＞

② ファシリテーターがうその自己紹介について、やり方を説明します。

> **ファシリテーションのトーク例**
>
> 今、顔を合わせている人たちはそれぞれ、初対面か、あるいはあまりよく知らない人という設定です。ですので、今から順番に自己紹介をしていただきます。
>
> ただし、うその自己紹介です。普段あまりしないような、例えば「わたしはハリウッドの大スターです」などといった、大きなうそをついてください。
>
> 時計回りで順番に自己紹介をしていき、一巡したら、また繰り返し、わたしが合図をするまで、何度でも回します。あまり考え込まずに、思いつくままにどんどん大うそをついてください。
>
> その後、皆さんがついた大うそについて、順番にうわさをしていきますから、ほかの人がどんな自己紹介をしたか覚えておいてくださいね。メモをとってもかまいません。
>
> このワークを通して、うわさがどういうふうに広がるか、またうわさされることの不快感を実感し、学びます。

③ だれから始めるかを足じゃんけんで決めます。

④ グループ内でうその自己紹介をしていきます。

⑤ 5巡くらいしたところで、ファシリテーターは合図をして、自己紹介を終えます。

＜うわさ話＞

⑥最初に自己紹介をした人はほかの人に背を向けて座ります。

⑦背中を向けている人がした自己紹介の内容について、ほかの人はうわさをします。うわさをされている人は、聞こえてくる話をメモします。約1分程度を目安とします。

> **ファシリテーションのトーク例**
>
> さあ、では、うわさを始めましょう。
> 今、皆さんに背中を向けて座っている人は、初対面か、あるいはあまりよく知らない人です。この人の自己紹介を聞いて、どんなふうに感じたか、ひそひそとうわさをするイメージで話してください。
>
> うわさをされている人は、そのうわさ話を自分でメモしていきます。感じたことでもかまいません。
> では始めてください。時間来たら、お知らせします。そうしたら、交代してください。

⑧メンバー全員のうわさをします。

⑨終わったら、自分のうわさを聞いてどう感じたか、メモを元に振り返り、話し合います。話し合う目安は5分程度です。

ポイント

・足じゃんけんは身体を動かすので、心もリラックス。緊張感がやわらいだところからスタートできるオススメの導入です。

・グループ同士があまり近くにいると、話しにくいと感じる人もいます。適度に距離を置いて始めるといいでしょう。

効果

・自分のことをうわさされているときの居心地の悪さを経験することで、同僚や保護者のうわさ、悪口を言う怖さを実感します。

・繰り返し行うことで徐々に実感していきます。また、気心が知れた人同士で行うと効果が上がります。

参加者の感想

ウォーミングアップに参加した人のコメント

- たくさんの人とやり取りをして、楽しい気持ちになりました。だからか、自分の心を開いていきたい気持ちが高まる経験ができました。
- 「信頼のワーク」では、信頼関係がもたらす心地よさや安心感を、まさに身体を通して感じることができ、とても貴重な体験でした。信頼していると、大人の体重も軽く感じるのですね。今まで寝かしつけるときに大変だった子が、最近楽になってきたと感じていることも、この「信頼」と深くかかわっているのだろうと思いました。
- 勤務中は、どうしてもやるべき業務が気持ちの大半を占めていて、ほかのことに気を回せないところがあるので、人の気持ちに鈍感になっていたり、相手に気持ちを出しづらくさせているのだろうなと反省しました。雑談を楽しめるよう、心がけたいと思いました。

「海が好きか、山が好きか」ワークに参加した人のコメント

- 「コミュニケーションをとる場合、自分のリアクションで相手の話す内容が変わってきますが、普段はなかなかその意識をもっていないことに気づきました。
- 聞き上手になることを心がけることで、相手も気持ちよく話すので、会話が弾むことを体験できました。その結果、お互いのことをよく知り合うことにもつながるのだと実感できました。
- 相手を知るためには相手のことを知ろうと思う心づもりが大事で、そのことが自分にとっての課題だと気づかされました。
- 相手の言葉を繰り返すだけで話が盛り上がることにビックリ！ そのうえ、相手に共感できて、相手もこちらが共感していることを感じとってくれていることがよくわかりました。
- 楽しいワークでした。毎日忙しくて、みんなで話す機会が少ないと、痛感。職員の交流にもつながりました。

「大うそつき大会」に参加した人のコメント

- 初めて参加しました。うそをつくことに思いのほか抵抗があって、「大げさなくらいのうそ」がなかなか思いつかずに困ってしまいました。
- 本人が話した内容に尾ひれがつく感じを実感しました。こうやってうわさ話は広がっていくのかと、ちょっと怖かったです。
- ワークだとわかっていても、自分のことをほかの人がひそひそ話すのは、なんだかドキドキして、あまり気分のいいものではなかったです。

第 2 部

職場の課題を見つけよう

人の姿が違うように、職場の姿もさまざまです。自分たちの職場の課題を客観的に見直す
ワークと、見つかった課題を徐々にクリアしていくワークを紹介します。

職場の課題を「見える化」する
コミュニケーショングラフ

職場の同僚性を高めていくために、まずは自分が働いている園のコミュニケーション力についての問題意識（課題）をみんなで共有することから始めましょう。課題がつかめたら、弱い部分を強化するためのワークを重ねていきます。「見える化」を助けるグラフと、強化していくための11種類のワークを紹介します。

1 「コミュニケーショングラフ」って、なあに？

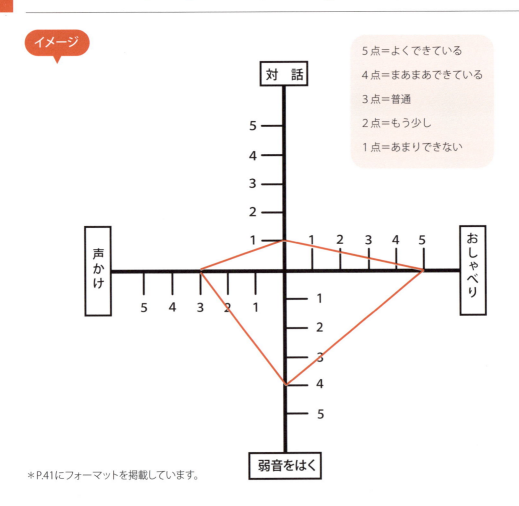

＊P.41にフォーマットを掲載しています。

 概要

抽象的なことを具体的に

　「コミュニケーショングラフ」とは、職員間でどのくらいコミュニケーションが図られているかを振り返り、どこが気になるかをみんなで共有していくために、抽象的な課題を図形にして「見える化」したものです。職場のコミュニケーション力を、いわば「健康診断」にかけるイメージです。

　判断基準として、「おしゃべり」「弱音をはく」「声かけ」「対話」の４つのキーワードを設け、１〜５の点数をつけます。この採点はあまり厳密なものではありませんし、その判断はあくまでも主観です。人によって感じ方は違うはずですが、１人ひとりが作ったコミュニケーショングラフを集めてみると、おおよその傾向が見えてきます。また、3.5とか、4.3とか端数を伴う細かな採点は不要です。なぜなら、職場のコミュニケーション力のおおよその傾向を確認し合うことが目的だからです。

 ねらい

ワークを選ぶ

　弱いところがわかっただけでは、課題は解決しません。大事なことは、みんなで共通認識した「弱い部分」の力を高めることです。そのためには、トレーニングが必要です。４つのキーワードには、それぞれ関連したワークがあります。コミュニケーショングラフを作って、弱い部分を確認し、必要なワークを選ぶことがこの「コミュニケーショングラフ」作成の最も大事なねらいです。

2　4つのキーワード

「キーワードが4つ」のワケ

　職場のコミュニケーション力について、その課題に共通認識を図り、必要なワークを選ぶことがコミュニケーショングラフの大きなねらいなので、読み取りはシンプルな方が課題を共有しやすくなります。チャート式のグラフでは、五角形や六角形などがポピュラーですが、キーワードを増やせば、それだけ課題がどこにあるかの判断は難しくなります。四角形なら、どこが弱いか、だれが見ても概ね同じ判断になります。しかも、この4つのキーワードは、多くの人がイメージしやすく、振り返りやすい言葉です。

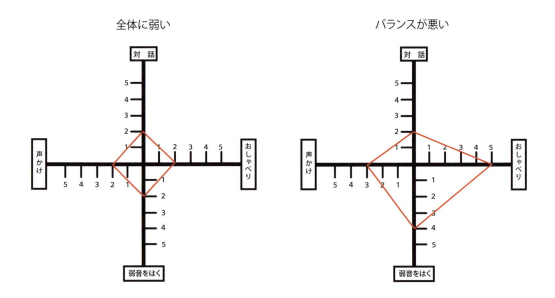

4つキーワードの関連性

　4つのキーワードは、実は順列があります。最初は、コミュニケーションがとりやすい「おしゃべり」です。その後、「弱音をはく→声かけ」と続き、最後に「対話」です。従って、コミュニケーショングラフを作るときは、「おしゃべり」を始点に時計回りで進めていきます。

3 キーワード1／おしゃべり

概要と背景

チームの雰囲気をよくする大事な力

4つのキーワードの中ではいちばんコミュニケーションがとりやすく、でも最も大事なのが「おしゃべり」です。なぜなら、チーム全体の雰囲気をよくするには、「おしゃべり」できるかどうかが、大きなカギとなるからです。

人間関係がぎくしゃくしてくると、人はどうしても「その原因を取り除こう」「解決しよう」と当事者に向かいがちです。でも、そういうときこそ、チーム全体の雰囲気をよくすることが求められます。

普段の職場を振り返ってみてください。休憩時間にどのくらい職員同士がおしゃべりをしているでしょうか。スマートフォンの画面をじっと見ている人も少なくないはずです。保育時間が長くなり、シフト制を導入せざるを得なくなりました。その結果、忘年会すらみんながそろうことは難しくなっています。

また、保育施設がよくなったので、職員の動線がぶつかることもなくなり、スムーズに動けるようになっています。そのこと自体は喜ばしいことですが、そのことが人間関係をぎくしゃくさせている遠因の1つになっていることもあります。

ワークについて

職員間の距離を縮める

「わたしの好きな物」と「回転式おしゃべり」の2種類のワークがあります。どちらのワークも、互いに相手を知り合うことで、職員間の親近感を高めることがねらいです。参加者からは、「短い時間だったにもかかわらず、好きな物を披露し合うことで相手への理解や親しみが一歩深められて驚きました」といった感想が寄せられています。

＊ワークのやり方、参加者の感想はP.46〜51に掲載しています。

4 キーワード２／弱音をはく

チーム力アップの重要な課題

　現代社会では、「頑張ること」ばかりが評価され、「弱音をはくこと」を認めないような雰囲気があります。園でも「保育者が弱音をはいたらだめ」と思っている人が少なくありません。でも、人は24時間頑張ることはできません。とりわけ、子どもは安心できる人に向かって不安感を表すので、その対象が保育者になる場合もあります。園で子どもが泣いたり、いらいらをぶつけたりする姿を、「この子が問題」ととらえることは、子どもが弱音をはく姿を受け止めていないということになります。子どもが弱音をはくことを受け止められない保育者は、その人自身も弱音をはけないのかもしれません。子どもが弱音をはける園を作るには、まず、職員が弱音をはけることが必要です。

　新人の保育者は、先輩から「わからないことや困ったことがあれば、聞いてね」と言われても、なかなか自分からは聞けません。でも、先輩が「わたしも新人のころはいろいろ失敗したのよ」と自分の失敗談を話してくれれば、ぐんとハードルは下がります。チームの絆を作る大きなきっかけになるでしょう。

ワークについて

無理なく徐々に自己開示

　弱音をはくことは「自己開示」の象徴的な姿ですが、いきなり「弱音をはく」ことは、容易なことではありません。参加者の感想にも「今の悩みを打ち明けるのかと、どきどきした」というコメントがありました。まずは、心をリラックスさせる深呼吸のワークから、徐々に自己開示のステップを踏んでいく4種類のワークを紹介します。

＊ワークのやり方、参加者の感想はP.52~55に掲載しています。

Memo　自己開示

　自分の考えや感情、経験、人生観などをほかの人に率直に話すことを指します。今まで隠していたこと、言い出しにくかったことなどを相手にうまく伝えられると、日常の人間関係がより現実的で生き生きとしたものになります。また、自分だけではなく、伝えた相手もそれに応えて、思っていることや感じていることを伝えるようになります。

5　キーワード３／声かけ

概要と背景

チームワークの大事なポイント

　保育現場では、以前は「いちいち言葉に出して伝えなくても、相手の動きを察知して対応する」という、いわば「あ・うんの呼吸」によるチームワークがありました。

　たとえば、乳児クラスで、保育者が1人の子をトイレに連れて行くとき、以前なら、声をかけなくても、ほかの保育者が「あ、トレイに連れて行くんだな」と了解していました。あるいは、アイコンタクトでのやり取りができました。でも今は、「Bちゃんをトイレに連れて行きますね」とみんなに声をかけることが必要です。そうすれば、ほかの保育者は「じゃあ、CちゃんとDちゃんも気をつけてみていなきゃ」と思うことができ、さらには、その保育者も「わかった、じゃあ、CちゃんとDちゃんはわたしが見ているね」と声をかけ、チームワークを発揮して保育することができます。

　ただ、普段の声かけが希薄だと、いきなり保育場面で声をかけることは、思っている以上に難しいものです。ある保育園で、散歩の途中で転んだ子を1人の保育者が手当てしているのに、先頭にいた保育者が気づかずにどんどん先へ行って、列が長くなり、安全に散歩を続けられなくなったという事例がありました。先頭の保育者に「ちょっと待って」と声をかければすむことなのですが、後ろにいた保育者は「かけられなかった」と言います。実は普段から、その保育者と声をかけ合うことがあまりなかったそうです。また、ベテラン保育者だったために「声をかけなくてもわかるだろう」という思い込みもありました。チームワークにおける「声かけ」の重要性を考えさせられます。まずは、普段の何気ない場面で声かけを意識することから始めていくことが必要です。

ワークについて

まずは日常的な場面を想定して

　声かけは挨拶から始まります。そして、挨拶によってずいぶんとその後のやり取りも違ってきます。そこで、ワークを通して、あらためて「挨拶」を考えます。また、相手との関係が心地よくなる声かけを体験するワークも有効です。子どもとのやり取りで行うワークも紹介します。

＊ワークのやり方、参加者の感想はP.56〜61に掲載しています。

6　キーワード4／対話

チーム力アップの重要な課題

　「対話」と似ている言葉に「会話」があります。が、この2つは似ているようで、大きく違うところがあります。それは、「信頼関係」です。「会話」とは、2人、または数人が声や手話、しぐさなどで意思表示をしながら、共通の話を進める行為です。別に互いの間に信頼関係がなくても成り立つコミュニケーションです。一方、「対話」とは、お互いのことを理解するために、それぞれ自分の思いを表明して話し合う、いわば信頼関係を築くためのコミュニケーションです。

　いろいろな個性や考え方の人間が集まって、質の高い保育を展開していこうとするとき、職員間で対話できるかどうか、つまり話し合いが十分に行えるどうかは、とても重要な課題になってきます。とくに園で問題が起きたときに、その意義を強く感じるでしょう。なぜなら、問題は当事者同士で収めるのではなく、園全体、チーム全体で考えることが必要だからです。どんな園でも、そしてどんなときにでも、問題は起きます。大事なことは、「問題が起きないようにすること」ではなく、「問題にどう対応するか」ということです。そして、そのためには、あまり大きな問題が起きていないときにこそ、トレーニングを重ねることが大事なのです。

ワークについて

「話す」「聞く」「見る」を体験

　対話のスキルを上げるために、ワークを通して、さまざまな「話し合い」を体験します。一般的に保育者は「聞く」ことより、「話す」機会が多く、まっしてはほかの人の話し合いを「見る」ことなどは滅多にありません。話し合いやすいテーマを選び、少人数の話し合いを体験してみましょう。いろいろな気づきや発見があるでしょう。

＊ワークのやり方、参加者の感想はP.62～65に掲載しています。

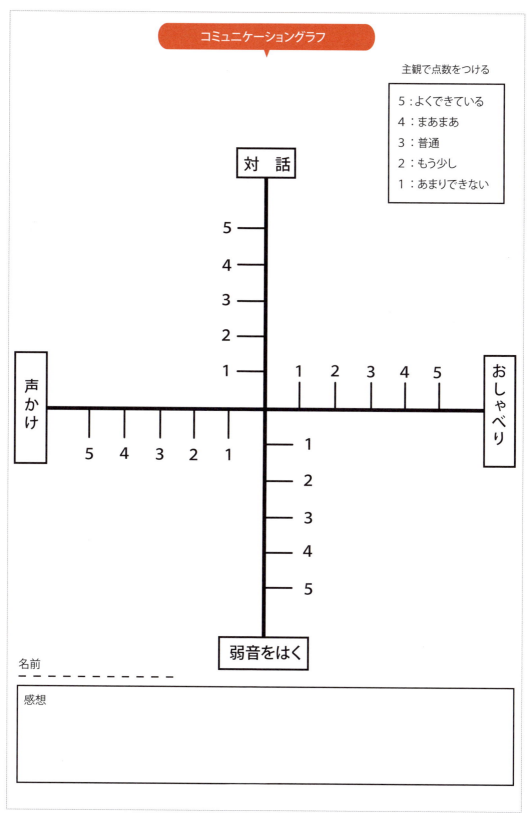

7 コミュニケーショングラフを作る

準備

① 4〜6人で1つのグループを作ります。メンバー構成に条件はありません。16ページの「『回転式いないいないばあ』ファシリテーションのトーク例」で紹介したようなやり方でフラットにグループを作っていきます。

② それぞれがグループを作り、落ち着いたところで、ファシリテーターは、参加者に深呼吸を促したり、場が和む話をしたりして、リラックスした雰囲気を作ります。

③ 1人に1枚ずつ、用紙「コミュニケーショングラフ」（P.41）を配ります。

> **ファシリテーションのトーク例**
>
> 今、皆さんにお配りした用紙は「コミュニケーショングラフ」と呼ばれるものです。
> このグラフを使って、わたしたちの園のコミュニケーション力について感じていることを図形にしてみたいと思います。
>
> グラフには右横の「おしゃべり」から順に「弱音をはく」「声かけ」「対話」とあります。
> これは、アトランダムではなく、コミュニケーションのとりやすいものから順番に置いてあります。
> それぞれの言葉が持っている意味を簡単に説明しますので、わたしたちの園のそれぞれの力はどうか、1〜5点の中から選んでください。

④コミュニケーショングラフの4つのキーワードについて、ファシリテーターが順番に説明します。

ファシリテーションのトーク例

＜おしゃべり＞
おしゃべりは、コミュニケーションの中ではもっとも軽いものですが、実は土台になる力といわれています。出勤したときや、帰宅前、あるいは昼の休憩時間など、現場を離れているときに、職員間で他愛もないおしゃべりを十分にしているでしょうか。

＜弱音をはく＞
人は誰しも、24時間頑張ることはできません。「いい人」で居続けることも難しいものです。弱音や愚痴を言いたくなるときもあります。互いに困っていることや失敗したことを話したり、聞いたりしているでしょうか。

＜声かけ＞
園での声かけについて、振り返ってみてください。互いに声をかけ合うことをどのくらい意識して行っているでしょうか。チームワークをイメージするといいかもしれませんね。

＜対話＞
「会話」と「対話」は似ているようで違います。「会話」は、共通の話を進めること。「対話」はめいめいが自分の考えや気持ちを表明し、互いに違いを認めたうえで、話し合うことです。この「対話」をどの程度行っているでしょうか。

＊4つのキーワードについての詳しい内容はP.36〜40に掲載しています。

コミュニケーショングラフの作成

手順

①まずは1人ずつめいめいに考え、4か所の1～5の該当するところに印をつけます。その後、4つの点を結んで四角形を作ります。

> ファシリテーションのトーク例
> 何点をつけるかは、直感で決めてかまいません。おおよその感じを大事にしたいので、0.5という中間点は無効とします。時間は2分間です。終了の30秒前にお知らせします。

②2人1組になって、互いに自分が作ったコミュニケーショングラフを見せ合い、話し合います。

> 互いのグラフを見せながら、自分がどう感じたか、あるいは相手のグラフを見てどう思ったかなど、ざっくばらんに話し合ってみてください。

ポイント

所要時間　2分程度

- 選ぶ点は1～5の5か所のみ。0.5という中間点は無効です。

所要時間　3分程度

- 2人組になって話し合うときに、周囲が気になるようなら、話しやすい場所に移動してもかまいません。

コミュニケーショングラフの作成

手順

③グループ内で取りまとめのリーダーを決めます。各自が作ったコミュニケーショングラフを並べて、グループ全体で話し合い、あらためて1つのグラフを作ります。

> 2人で話し合ったことを順に伝えながら、どういう傾向にあるかを5分間、話し合ってみてください。みんなばらばらに作ったわけですが、どうでしょうか。できた図形もばらばらでしょうか。それとも、なんとなく似た傾向が見つかるでしょうか。終了1分前にお知らせします。代表案として、1つのグラフを新たに書いてください。

④各自が作ったコミュニケーショングラフに感想を書きます。リーダーは自分のグループでまとめたコミュニケーショングラフと一緒にファシリテーターに提出します。ここで作成は終了です。

⑤ファシリテーターは、グループの表をもとにどのワークから始めるかを決めます。

ポイント

所要時間　5分程度

・各グループのリーダーは、だれがなってもかまわないので、じゃんけんで決めたり、ファシリテーターが「グループ内でいちばん若い人」「いちばん背が高い人」「誕生月の早い人」などと指定したりして決めます。

・例えば、グラフ化してみてどう思ったか、あるいはほかの人と比べてみてどう感じたかなど、率直な感想を書きます。

・はじめてコミュニケーショングラフを作ったときは、グラフを作成するワークのみで終了し、後日、改めてワークを展開していく方法も有効です。

・どのワークから始めるかを決めたら、ファシリテーターは、参加者にその理由を説明します。

4つのキーワードに基づく
11種類のワーク

「おしゃべり」「弱音をはく」「声かけ」「対話」の4つのキーワードごとに、それぞれの力を高める11種類のワークのやり方や進行上のポイントを紹介します。進行役のトーク例もあわせて紹介します。課題に合わせてワークを選び、トレーニングを重ねましょう。

1　おしゃべりのワーク

ワーク① わたしの好きな物

所要時間　10分程度

手順

①A4サイズのコピー用紙を1人に1枚ずつ配ります。
②図のように横向きにして、紙の中央に自分の名前を書き、思いつく「好きな物」を自由に書き込みます。

③2人1組になり横向きに並んだ状態で、相手の用紙を見ながら、おしゃべりをします。

④相手を変えて繰り返します。

ポイント

・紙は横向きに使用します。マップ形式でも表組でもかまいません。
・所要時間は3分程度です。
・ファシリテーターは終了30秒前に声をかけます。

・所要時間は3分程度です。
・グループの人数が奇数の場合は、1人休みとします。
・ファシリテーターは「横に並んで紙を見せ合ってくださいね。場合によっては紙を交換してもいいですよ」と声をかけます。

・話す人数の目安は3〜4人です。

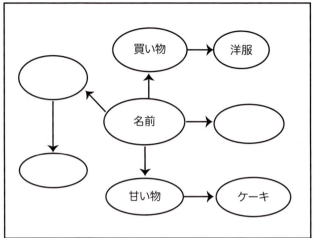

◀ マップ
好きな物やことを思いつくまま、連想して記入していく。

「九分割」と呼ばれる表組形式 ▶
1マスに1つずつ書き込んでいく。
すべて埋めなくてもOK。

	わたしの好きな 物・こと 名　前	

参加者の感想

おしゃべりのワーク①「わたしの好きな物」に参加した人のコメント

- 自分の紙を見せることが恥ずかしかったけれど、相手に興味をもってもらえるとうれしい気持ちがしました。わたしは、自分から話しかけることが苦手なのですが、相手への接し方のヒントをもらったようで、参考になりました。
- パート、アルバイト、嘱託、正職という立場を超えて、楽しくコミュニケーションをとる機会になりました。普段は業務連絡でしか話したことがなかった人とプライベートの話をすることで、ちょっと親近感がわいてきて、今後、話をしやすくなったと思います。
- 相手に対して新しい発見があり、話が盛り上がりました。担任間でやっても新しい発見がありそうで、やってみたいと思いました。
- 5人の先生方と好きな物を披露し合うことで、ほんの短い時間でも相手への理解や親しみが一歩深められて驚きました。

おしゃべりのワーク

ワーク② 回転式おしゃべり

所要時間　15分程度（5人の場合）

手順

① 5～6人で1グループを作ります。
人数分のイスを図のように並べます。
5人の場合、グレーの席に座った人はおしゃべりをお休みします。6人の場合は、Cの席に座った人は移動しないで、ほかの5人が時計回りに席を移ります。

5人の場合
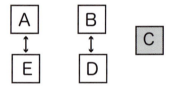

6人の場合
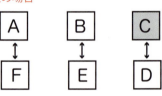

② ファシリテーターは、話しやすいテーマを選び、向かい合った人とテーマについて約3分間おしゃべりをします。

③ 3分経ったら、握手をして、時計回りに席を移動します。

④ 全員とおしゃべりしたら終了です。

⑤ ワーク①と②の両方を終えたところで、用意された付せんに感想を書いて1人ずつ読みながら中央に出します。

ポイント

・メンバー構成の条件はないので、背の高い順、生まれ月の早い順などに並んで5～6人ずつ分けていくといいでしょう。

・あまり近いと話が聞こえるので、隣との距離を60～70cmくらい離して設置します。

・2人のうちの若い人から、また正職とパートさんのペアならパートさんから話すように促します。

・テーマは食べ物やテレビ番組、子どものころ好きだったあそび、宝くじで100万円当たったら、健康法など、軽くおしゃべりできるテーマを選びましょう。

・付せんを貼っておけるような台紙を用意しておくといいでしょう。感想の記入時間は2分間程度を目安とします。

＊具体的な席移動のイメージはP.50で紹介しています。

「回転式おしゃべり」 ファシリテーションのトーク例

❶ 誕生月の早い順に1列に並んでみましょう。1月生まれから順に、5人ずつのグループを作ってください。

2人ずつが向かい合う形でいすを並べます。1人残りますね。その人は上座にイスを1つ置いてください。1人の席は全員座りますし、2人1組も順に回転しますから、迷わず順に座りましょう。お隣さんとあまり近いとおしゃべりが混線しますから、60～70㎝くらい離して座るといいかもしれませんね。

❷ 向かい合っている2人は、これからお出しするデータについて3分間おしゃべりをします。1人席に座っている人はおしゃべりはお休みです。

テーマは「宝くじで100万円当たったら」ですが、ここで1つ、お約束です。もしも、おしゃべりをする相手が自分より若かった場合は、若い人からおしゃべりを始めてください。正職とパートさんのように職層が違った場合は、パートさんからおしゃべりしてくださいね。

では、始めてください。

❸（ベルなどで合図をして）はい、3分間経ちました。では、おしゃべりした相手と「ありがとう」の握手しましょう。そして、時計回りに席を移ってください。おしゃべりをする相手が変わりましたね。先ほど1人席でおしゃべりをお休みしていた人も、今度はおしゃべりの相手がいます。先ほどお伝えした「お約束」は今回も同様です。

同じテーマで同じようにおしゃべりしてください。時間も同じく3分間です。

では、始めてください。（順に繰り返します）

❹ では、これで「回転式おしゃべり」のワークを終了します。

❺ 付せんを配りますので、先ほどの「わたしの好きな物」ワークとあわせて感想を書いてください。2分間でお願いします。

2分経ちました。記入をやめて、それぞれが書いた感想を読み上げながら、机の中央に出してください。

（読み上げが終わったら）ご苦労さまでした。「おしゃべりのワーク」を終了します。

おしゃべりのワーク

席移動のイメージ

＜5人の場合＞ グレーの席に来たら、おしゃべりはお休みする

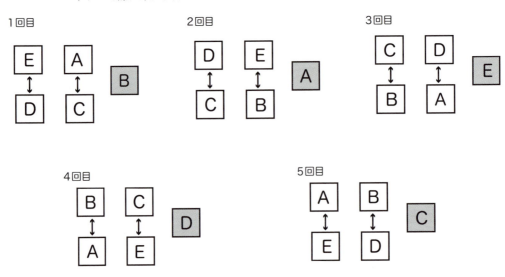

＜6人の場合＞ グレーの席の人は動かず、ほかのメンバーだけが移動する

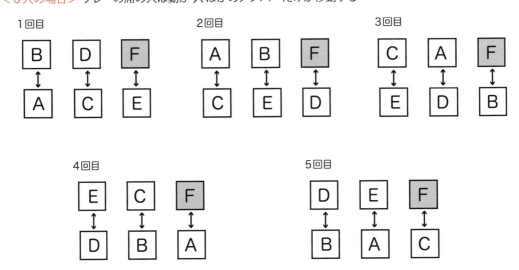

参加者の感想

おしゃべりのワーク②「回転式おしゃべり」に参加した人のコメント

- 職員同士の何気ないおしゃべりの時間をとる余裕がなかったのですが、お互いを知り合うきっかけとして「おしゃべり」は大事なコミュニケーションだと痛感しました。
- たくさんの人と話して、楽しい気持ちになり、自分自身が心を開いていきたいと感じることができました。この感じを味わえたことは大きな成果でした。
- 同じ園でも、職種が違うとコミュニケーションをとりにくいので、あらためて知り合う機会になってよかったです。相手の意外な一面を知ることができ、親近感が増しました。

- 実際にやってみるといろいろなことがわかりました。自分の思いや考えを話す力や、相手の話を聞く力が育ち、かなりスキルが上がるワークだと実感しました。
- 「あら、もう終わり？」と思うほど、時間を短く感じました。
- 2～3分間、お互いのことを話しただけなのに、調理で一緒に働く人のことも何も知らなかったことに気がつきました。「話をする時間がない」などと言っていないで、わずかな時間でいいからおしゃべりする時間を確保していきたい。
- テーマがあると苦手な人とも許容できる範囲で話すことができて、普段のおしゃべりにつながるように感じました。
- 人と話すことの大切さを改めて学びました。実践という形で自らが行うことで、身体がほかほか暖かくなることも体感できてよかったです。また、簡単なテーマを切り口にすると話しやすいことも学びました。
- 普段接する機会が少ない職員とも仲良くなれるきっかけになったと思います。今年度は新しく入った職員が多いので、円滑にコミュニケーションがとれるイメージをもつことができ、自信がつきました。
- 正規と非正規職員、非常勤職員、パートタイマーなど、職層も勤務時間もそして、仕事内容も違う中では、職場内のコミュニケーションは、心地よい人間関係を作るうえで必要不可欠なことだと改めて感じました。
- コミュニケーションをとることは、相手を知ることから始めるのだということを改めて感じました。

2 弱音をはくワーク

ワーク① 深呼吸

所要時間　10分程度

手順

① 4〜6人で1つのグループを作ります。
② ファシリテーターが「みんなで一緒に大きく深呼吸してみましょう」と声をかけ、深呼吸をリードします。あるいは、ハ行の「は〜」「ひ〜」「ふ〜」「へ〜」「ほ〜」の言葉の中でいちばん自分がリラックスすると感じる音で息を吐き出してもらいます。

ポイント

・グループの構成メンバーに条件はありません。背の高い順、低い順、誕生月順などに並んで単純に人数を分けていきます。
＊グループ分けのトーク例は、P.16〜17に掲載した「回転式いないいないばあ」のトーク例を参照ください。
・リラックス効果が期待できるワークです。

ワーク② 泣ける話

所要時間　5〜6分程度

手順

① 4〜6人のグループを作り、グループごとに輪になって座ります。
② 「これを見たら、これを読んだら、わたしは泣ける」という映画や、本、音楽などについて話します。
③ 全員が順に話したら終了です。

ポイント

・ワーク①の続きとして行う場合は、メンバーを変えずにそのまま続けます。
・話す時間は各自1分間を目安とします。ファシリテーターが1分間を計って、知らせていきます。
・特に思いつかない人はパスをしてもかまいません。

ワーク③ 昔話をする

所要時間　15分程度（5人の場合）

手順

① 4～6人のグループを作り、1人に1枚、A4判の白紙を配ります。

② 各自、小学4年生のときの自宅から小学校までの道のりを地図で書きます。

③ 話す順番を決めて、全員が順に地図を見せながら、話します。

④ 時間がきたら、ファシリテーターは全員が話し終えたかを確認し、まだ話していない人がいれば、2分間×人数分の時間を追加します。

ポイント

・地図を書く時間の目安は2分間です。終了の20秒前くらいに知らせます。

・ファシリテーターは、地図を書く手がかりとして、思い出せそうな言葉を言ったり、問いかけたりしましょう。
＊P.55のファシリテーションののトーク例を参照ください。

・話す時間は1人につき、2分間を目安としますが、自宅から小学校までの距離によって、話す時間も変わってきます。また、話を聞いている人は、途中で質問してもかまいません。

弱音をはくワーク

ワーク④ 失敗を語る　　所要時間　5分間×人数

手順

仕事での失敗を話すには、聞き手との間の信頼関係が必要です。段階を踏んで心を開いていけるよう、2つのステップに分けます。

＜ステップ1　日常の失敗＞
① 4～6人が1グループを作り、各自が日常の失敗を振り返ります。
② グループの中の年長者から順に、日常生活で失敗したことを話します。

> 洗顔クリームと歯磨き粉を間違えてしまって。すごくまずかったわ

＜ステップ2　仕事上の失敗＞
③ ファシリテーターは参加者がひととおり話し終えたことを確認し、ステップ②のワークについて説明します。

> **ファシリテーションのトーク例**
> 今度は、仕事での失敗を語ってみましょう。でも、「うまく話せない」と感じたら無理することはありません。「パスします」と伝えてください。

④ 仕事での失敗について振り返ります。
⑤ ステップ1と同様にグループの年長者から話します。

ポイント

- グループはワーク①～③で作ったグループのままで続けます。
- 振り返りの時間は1分間です。ファシリテーターは時間を計り、終了15秒前でいちど知らせるといいでしょう。
- あまり深刻な失敗ではなく、笑いがとれるような内容にします。
- 年長者から話すことで、若い職員も話しやすくなります。
- 話す時間は1～1分半。ファシリテーターは1分を経過したところで、知らせます。
- 聞き手は、笑ったり、驚いたり、リアクションを意識しましょう。聞き手の反応が話しやすい雰囲気を作ります。

> 遅番なのに、早番だと思い込んで早く来たことがあります。

- 経験の浅い職員が多く、まだ明るく話せる状況ではないことが予想される場合は、ステップ1で終了してもかまいません。
- 振り返る時間の目安は1分間ですが、あまり厳密にせず、参加者の様子に応じて臨機応変に。

ワーク③「昔話をする」 ファシリテーションのトーク例

❶お手元の紙に小学校4年生のときの自宅から小学校までの通学路の地図を書いてください。

❷どういうお店があったかなとか、川が流れていたとか、大きな病院が近くにあったとか、印象に残っている所から少しずつ思い出してみてください。
思い出せる範囲でかまいません。
作成時間は2分間です。終了の20秒前にいちどお知らせします。

❸時間になりました。途中まででもいいので、終えてください。
では、1人ずつ地図を見せながら、話をします。
持ち時間は一応2分間ですが、自宅から小学校までの距離によって話す時間も違ってきますので、あくまでも目安です。

じゃんけんをして、勝った人から時計回りに始めましょうか。
少し体をほぐす意味で、足じゃんけんにしましょう。
皆さん、その場で立ってください。
みんなの足元が見えるように少し大きく広がるか、場所を移動しましょう。

いいですか。最初はグー、じゃんけんぽん!
いちばん最初に話をする人の右隣の人は、タイムキーパーをお願いします。
タイムキーパー役の人が話すときは、いちばん最初に話した人が計ってください。
話している途中に質問してもかまいません。それも含めて1人2分です。

❹どうでしょうか。まだ終わっていない人は手を挙げてください。
では、○分延長します。
全員が話し終えているグループは、お互いの地図のことで自由におしゃべりしていてください。

3 声かけのワーク

ワーク① あいさつ

所要時間　③〜⑤＝5分程度

手順

＜ステップ1＞

①4〜6人で一つのグループを作ります。

②各グループでリーダーを決めます。

③あいさつをする際に心がけていることや大事だと思っていることを出し合います。自分の考えをめいめいが付せんに書いたり、それぞれの発言をホワイトボードに書き出したりします。

④各グループで特に多かった意見を集約して、1つか2つ選び、リーダーが発表します。

⑤ファシリテーターは各グループから出てきた意見を集約して、2つか3つ、「あいさつのポイント」を選びます。

⑥⑤のポイントを意識しながら、出勤時場面のロールプレイ（右ページ参照）を行います。

⑦ロールプレイを見て感じたことをグループで話し合います。

ポイント

・背の高い順、低い順、誕生月順などに並んで単純に人数を分けて、グループを作ります。

・リーダーは、各グループで、一番経験の浅い職員がなります。

・時間の目安は3分間です。

・職員間でのあいさつ、保護者へのあいさつなど、場面を限定する方法もあります。

・付せんを用いるやり方は、話すことが苦手な人も自分の意見を表明できるので、経験が浅い職員や若い職員が多いときに有効です。

・ホワイトボードに書き出すときは、1人書記役を決めましょう。

・発表は各グループ1分間程度です。

・ロールプレイの場面の設定や演者はファシリテーターが決めます。ワークに慣れるまでは、演者は中堅層が行うほうがスムーズです。短いやり取りから始めるといいでしょう。

＊グループを作るときのトーク例は、P.16に掲載した「回転式いないいないばあ」のファシリテーションのトーク例をご覧ください。

> 手順

＜ステップ２＞
⑧あいさつをするときにどんな一言を加えることができるか、③と同じ要領で意見を出し合います。

⑨④⑤と同じ要領でファシリテーターが加える一言と場面を選び、ロールプレイを行います。
⑩ロールプレイを見た感想をグループ内で出し合います。

> ポイント

・はじめて行うときは、＜ステップ１＞だけでもかまいません。
・ロールプレイの場面については、出勤時の職員間、送迎時の保護者とのやり取りなど、ファシリテーターが決めるといいでしょう。
・ロールプレイでは、できれば＜ステップ１＞の演者とは違う職員が演じます。

 ロールプレイ

　「ロールプレイ」とは、現実に起こる場面を想定し、複数の人間がそれぞれの役割を演じることで、実際に起きたときに適切に対応できるようにする学びの方法です。立場が変われば、同じ問題も感じ方や受け取り方が違ってきます。

　たとえば、ステップ１であいさつのポイントとして、「笑顔」「少し声を大きく」「目上が先にあいさつする」の３つが出たとしたら、この３つを意識して若手とベテランの役になり、演じてみます。演者が「無表情」「小さな声」「若い人からあいさつ」を意識して演じると、その違いがよくわかるかもしれません。

声かけのワーク

ワーク②「大好き」　　　　　　　　　　　　　所要時間　10秒間

手順

①1日1回、子どもを抱きしめて「大好き」と言います。
②だれに、いつ言ったかを、記録していきます。
③1週間続けたところで、子どもの様子や自分自身の心の変化を振り返ります。

ポイント

・子どもたち全員をくまなく見ているようで、どうしても見落としがちな子がいます。なかなか気づきにくい自身の保育を客観視する機会となります。
・スキンシップの心地よさを再認識できるワークです。

記入例

名前＼Date	12/5（月）	12/6（火）	12/7（水）	12/8（木）	12/9（金）
A	夕方散歩前 多目的室	午睡明け 部屋	午睡明け 部屋	朝 部屋	午睡明け 多目的室
B		午睡明け 部屋	朝 部屋	朝 部屋	夕方 部屋
C				朝散歩前 玄関	朝活動 ホール
D	夕方散歩前 多目的室		朝 部屋		朝散歩前 玄関

参加者の感想

声かけのワーク②「大好き」を経験した人のコメント

● 複数回抱きしめている子、できない子、抱きしめやすい子、そうでない子がいました。心が開かれていないのか、抱きしめにくい子がいることに気づきました。
● かかわりが少ない子には、担任全員でしようねと打ち合わせて行いました。身体をこわばらせていた子の様子が変わってきました。
●「大好き」と言葉にするのは抵抗がありました。ほかの言葉に言い換えて行いました。
● 子どもに対して厳しい態度をとりがちな同僚の様子が変わりました。子どもよりも同僚が柔らかくなったことに驚いています。

「大好き」記入表

名前＼Date	(月)	(火)	(水)	(木)	(金)

第2部　職場の課題を見つけよう

声かけのワーク

ワーク③ ほめほめシャワー

所要時間　10分（4人の場合）

手順

① 4〜6名で車座になって座り、全員をほめる内容を考えます。
② 1人に対して、ほかのメンバーが順に短い言葉でほめていきます。メンバー内の若い人から始めます。
③ ほめられた人は、感想を伝えます。
④ メンバーを替えて、繰り返します。
⑤ ワーク終了後、このワークのねらいを伝えます。

> **ファシリテーションのトーク例**
> 「恥ずかしいけど、うれしかった」「頑張ろうと思えた」といった感想が出ていますね。人はだれしもほめられればうれしいし、前向きになれます。でも、それはやはり「言葉に出して言わないと伝わらない」のですね。人にものを頼むとき、一言こうした声をかけるだけで、ずいぶんとやり取りがやわらかくなることを実感できたかと思います。

ポイント

・考える時間は2分間です。
・ファシリテーターは「朝のあいさつが元気いっぱい」「子どもをしかった後のフォローがいいね」など例をあげるといいでしょう。
・ほめる内容は重なってもOKです。
・1人をみんなでほめ続ける時間は2分間を目安とします。ほめている間は時間の合図を入れません。
・だんだん長くなるので、様子を見て、「エピソードは1つにしてくださいね」と声をかけるようにしましょう。
・ワーク①〜③を終えた後、感想を付せんに書いて、グループ内で1人ずつ声に出して読みながら提出します。

> 手順 アレンジ

① 4～6名で車座になって座り、全員をほめる内容を考えます。
② 足じゃんけんで最初の1人を決めます。決められた人はその場で立ち、ほかのメンバーが順に短い言葉でほめていきます。
③ ほめられた人は、全員に言ってもらったら「ありがとう」と言い、印象に残った言葉を1つ選び、感想を伝えます。
④ 最初の人から時計回りにメンバーを替えて、繰り返します。
⑤ ワークを終えた後の感想を言い合います。このときはグループの若い人から話をします。

参加者の感想

声かけのワーク③「ほめほめシャワー」に参加した人のコメント

- ●「自分のことがこんなふうに見えていたんだ」という驚きと、「頑張ろう」という気持ちにも気づきました。自分が身近な人に声かけしていく大切さを改めて感じました。
- ● 日ごろ一緒に働いている人をほめる言葉がとっさに見つからない人もいて、いかに普段欠点ばかりを気にしている自分に気がつきました。感謝することを忘れてはいけないと感じました。
- ● 年度末の懇談会で「わが子をほめる→みんなで拍手」というワークをやってみます。
- ● ワークの後、同じグループのメンバーの距離が近くなったように感じました。

4 対話のワーク

ワーク①「1・2・3」　　　所要時間　③〜⑦＝13分程度

手順

① 3人1組になります。
② 3人の内1人は黙って話を聞く役になるので、じゃんけんなどで話を聞く順番を決めます。
③ ファシリテーターから出されたテーマについて、まずはどう思うか、自分の意見を簡単にメモします。
④ 話をする人は向かい合って座り、ファシリテーターの合図に従って、相手の意見を聞いたり、自分の意見を言ったりして話し合います。
⑤ 聞く人を交代して同じように話し合います。
⑥ さらに聞く人を交代します。
⑦ 終わったら、グループ内で「1人で考え、2人で話すことを3回繰り返した」感想を出し合います。
⑧ 発表者を決めて、グループ内での感想を順に発表します。

ポイント

・グループ構成は、バランスのとれたメンバー構成になるよう、あらかじめ決めておきます。
・テーマもあらかじめ決めておきます。今までのワークの感想など、話しやすいテーマがいいでしょう。
・時間の進行管理はファシリテーターが行います。
・1人で考える時間の目安は1分程度です。メモは箇条書きでかまいません。
・2人で話し合う時間の目安は3分間です。話す人は聞き役の人も意識しながら話します。聞き役の人は質問するつもりで聞きましょう。
・新人や若手の職員など、あまり話さない相手の場合は、質問をして話を引き出します。
・話し合う時間は3分間です。発表者を決めてから話し合います。

・発表する時間は各グループ1分半程度です。

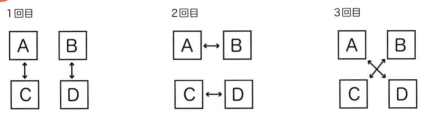

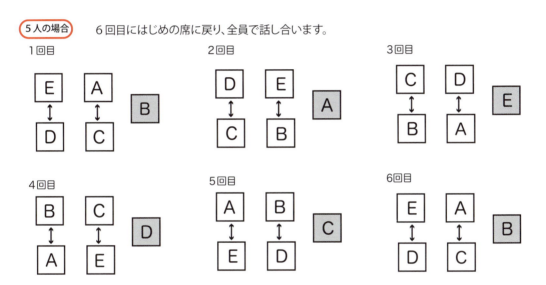

参加者の感想

対話のワーク①「1・2・3」に参加した人のコメント

- 軽いおしゃべりとは違うので、少し緊張しました。人が話し合う場面を観察する機会はあまりないので、とても参考になりました。
- 同じテーマで人を変えて話し合いを重ねていくので、最初に1人で考えてメモしたことを繰り返す話すのかなとイメージしていたのですが、どんどん話し合う内容が深くなっていったので、ちょっと驚きました。
- 「話し合い」といっても、どうしても同じ人ばかりが発言しがちです。でも、この方法を使えばまんべんなく全員が話をすることができることがわかりました。
- 話し合うときのヒントになればと、つい「自分はこう思う」と伝えることが多かったように思います。伝えることよりも、受ける側に立って「どう思うか」を引き出しながら話していく大切さを学びました。

対話のワーク

ワーク② POPOPO

所要時間　15分程度

＊「POPOPO」の「P」は、Participant（参加者）、「O」は Observer（観察者）をさします。

手順

① 4〜6名のグループを2つ作ります。
② 先にAのグループが輪を作って座り、Bのグループの人は1人ずつAの後ろに立ちます。

> **ファシリテーションの トーク例**
> Bグループの人たちは、今あなたの前に座っている人が自分の相棒です。これからAグループの人は「○○○について」というテーマで話をしてください。

③ Aのグループは司会を1人決めて、テーマについて話をします。Aのグループの人たちが話をしている間、Bのグループの人は自分の相棒の様子やグループ全体の様子を観察します。

> Bのグループの人は、自分の相棒の様子について「ちゃんと会話に参加している」とか「相手の話を聞いている」などの観察をしてください。相棒の様子だけではなく、全体の様子も観察してください。自由に動いて、いろいろな場所から観察してかまいません。話し合いは4分間です。終了の30秒前にお知らせします。

④ AとBの役割を交代します。
⑤ Bのグループは司会を1人決めて、「Aのグループについて観察したこと」をテーマに話し合います。

ポイント

・グループのメンバーはあらかじめ決めておきます。
・話し合うテーマは、「運動会について」「給食について」など、幼児、乳児共通のテーマを選びます。

・話し合う時間は4分間です。
・観察者は自由に動いて、相棒の表情や様子を見ましょう。

・グループが交代するときに、ファシリテーターは同じ説明を丁寧に繰り返しましょう。

⑥ ②で組んだ2人でお互いを観察したワークについて振り返り、相手のいいところや見習いたいと思ったところなどを伝え合います。

> 「笑顔で参加しているところがいいな」「うなずきがいいな」など、相手のよいところと、相手を観察して見習いたいなと思ったところを伝え合ってください。立ったままでも、すわってもいいです。

⑦ AとBが1つの輪になり、全体を振り返ってワークを終了します。

・伝え合う時間は4分間です。
・ファシリテーターは、参加者が2人組で伝え合っている様子を観察し、どんな言葉が出ているかを聞きとったり、書き留めたりして、終了前に簡単に紹介するといいでしょう。

・終わったあと、付せんに感想を書いて出します。

参加者の感想

対話のワーク②「POPOPO」に参加した人のコメント

● 自分の考えを整理して話す難しさを感じました。
● 発言するのに緊張しましたが、話しやすい雰囲気がととのっていれば、安心して意見を交換し合えることも感じました。うなずきや、返答など、相手に安心感を与えられるような聞き方を心がけたいと思います。
● 人がやっているのを見て、人の話を聞いたり、発言を促したり、まとめたりする難しさを感じました。
● ギャラリーが話を聞きながら大きくうなずいたり、話している人を見たりするしぐさが、「肯定」につながるのだと思いました。でも、見ている人がいると、やはり変なことは言えないという思いが強く、緊張しました。

チーム力を高める
「武蔵野式会議」の進め方

会議の時間を確保し、職員間でしっかり話し合うことは園運営の重要課題の1つです。ところが、実際には、「時間が足りない」「みんなで話し合えない」といった声をよく耳にします。本節では、武蔵野市の公立保育園や子ども協会の保育園・こども園を中心に取り組んでいる「武蔵野式会議」の進め方について紹介します。

1　会議に向けての準備

①年間会議計画を作成します。

　議題と参加メンバーの範囲(職種・職層)、非常勤職員の出席の有無をあらかじめ決めておきます。

②司会と記録のローテーションを決めます。

　司会の担当になったら、議題提案者に事前に主旨などを確認し、会議のタイムテーブルを組み園長と打ち合わせておきます。保育の総括会議など重要な会議の司会は主任層以上が担当します。

③具体的な議題について事前に募集します。

　書き込みボードなどを設置し、自由に提出・提案できる環境を整えておきます。募集期間はケースバイケースで決めますが、おおよそ1週間程度とします。

④集まった議題候補について主任以上の運営層で整理します。

　実際には議題の緊急性などから優先順位などを決めて、会議日の1週間前くらいには掲示して、出席者に意見などを考えておいてもらうように伝えておきます。

アドバイス

●議題について

募集スタイルではなく、「保育に関する振り返りや反省」をテーマに自園の今の課題を主任が共有する機会を事前に設け、議題として提案するのも1つ方法です。

●会議の形式について

グループワーク形式にするか、全体討議にするか、議題の内容によって形式を検討します。

●会場設定について

会議の形式によって、会場設定も変えるといいでしょう。全体で討議する場合は、円形スタイルにします。机の使用も、メモをとる必要があるようなら会議用机を用意しますが、グループワークの場合は、子ども用のローテーブルを使用してやり取りと、意見整理のための書き込み作業（グラフィック化）のしやすい環境を整えます。

●グループワークのメンバー構成

親近感をもてたり、ふだんあまりない接点が職員と交流できるように、職種や、職員の経験年数、年齢をシャッフルしたり、逆に同じ年代でまとめたり、担当クラスで分けたりして、いろいろな組み合わせを工夫します。

2 グループワークの場合　その1

内容

①リーダーを決めます。

　話し合う人数が2〜3人の少人数であっても、必ずリーダーを決め、「リーダーは○○です」と声に出して知らせます。ほかのメーンバーも「○○さんがリーダーですね」と声に出して認めます。

②タイムキーパーを決めます。

　議題ごとに時間を区切り、タイムキーパーが進行を管理します。タイムアップを知らせるためにベルなどの小道具を用意して、ユーモラスにかつ厳然と知らせます。

③付せんや会議シートを活用します。

　自分の意見を発言する前に、付せんや会議シートに書く時間を設けると、同じ意見が重なってもあまり気にならず、またほかの人の発言をしっかり聞くことができます。ただし、1枚の付せんにつき、ワンコメントを徹底し、付せんに記入する時間も1分間などと時間を決めましょう。

　＊会議シートについてはP.74-75を参照ください。

④話す順番を決めます。

　発言の順番は、新人などキャリアが浅い人から、また職層はアルバイトや非常勤などを優先します。

⑤グループごとに発表します。

　グループで話し合った結果を各グループのリーダーが発表します。付せんやシートを使った場合は、そのまま掲示して、ほかのグループの話し合いの結果を見て回るやり方もあります。

> アドバイス

●会場設定について

好きな部屋や場所に移動してかまいません。声が重なることで気が散るのを避けることができます。また、リラックスした状態で発言できるよう、飲み物を用意するのも有効です。

●意見の整理について

発言の前に自分の意見をメモする際、付せんを使用すると、同じような意見を集めて分類できるので、話を「見える化」することができます。また、グループごとに発表するときも代表的な意見をまとめやすく、話があちこちに脱線することも防げます。同じ意見をカラーペンで大きく囲ったり、異口同音に繰り返し出てきた意見に花丸を付けて目立たせたり、ひと目でわかるように工夫してみましょう。

参加者の感想

グループワークその1に参加した人のコメント

- 特定の人ばかりが話す、くどくどと同じことを言うことが減りました。発表の際にも付せんなどを使って「見える化」したものを提示しながら報告すると、ポイント整理ができ、時間短縮にもなりました。会議をとおしてみんなが意見を言えるという信頼感にもつながり、チーム力全体が上がります。
- 短い時間でも言いたいことを整理する習慣がつきました。タイムキーパーを置いて時間を設定することで、報告や会議での時間を有効に使う力がつきます。
- みんな活発に発言するようになりました。グループに分かれていると、他のグループでどんな話をしているのか見えないという不安もありますが、最後にお互いの話した内容を発表者がまとめて発表することで共有することができます。

3 グループワークの場合　その2

内容

①4人1組になります。

必ず4人でないといけないわけではありません。4〜5人でグループを作りましょう。6人になると、最後の話し合いの規模としてはちょっと大きいので、避けたほうがいいです。

②最初は1人で考えます。

配布された「コミュニケーション力up！　園内ワーク記録用紙」の「1人の考察」欄に名前を書き、テーマについて考え、記入します。所要時間の目安は3分間。会議全体の進行係がタイムキーパーとなります。

③同じグループで2人1組になり、話し合います。

①の記入内容をもとに、2人で話し合います。話し合う時間は3分間くらい。話し合った内容をそれぞれの記録用紙に記入します。話し合った人の名前を自分の分も含めて記入します。記入については、1分程度の時間をとります。5人でグループを作った場合は、2人組と3人組に分かれて話し合います。

④グループの4人で話し合い、発表します。

③で話し合った内容を互いに出し合い、グループとしての考えを記録用紙に記入します。所要時間は③と同様です。その後、グループで代表を決めて、発表します。

⑤報告書を作成します。

全員の記録用紙を回収し、このワークを担当したメンバーが整理し、報告書を作って、職員に配ります。

実践コメント　　職員会議でコミュニケーション力アップを図って

　このワークは、「コミュニケーション力 up！プロジェクト」と名づけた取り組みの1つです。園内の若手職員のメンバーに主任が加わって、保護者とのコミュニケーション力を高めるためのワークを計画するチームを作っています。このチームが、職員会議で話し合いたいテーマを決め、記録用紙をまとめ、報告書を作ります。

　このプロジェクトを立ち上げた初年度は、年齢を問わず、各クラスから1名ずつ出てもらって、チームを作りましたが、その後は若手職員が経験できるようにメンバー構成をしています。（西川浩美園長）

実践例 step1

コミュニケーション力up！　園内ワーク記録用紙　　実施日　○○年○月△日(木)
テーマ 『気になる子どもの様子を保護者にどう伝えるか　面談編』 ≪子ども（3歳児）の姿≫ 周囲の刺激に左右されやすく、あそんでいても音や人の動きにつられてしまう。 また落ち着きもない。 個人面談で保護者に子どもの気になる様子を伝える際の本題の切り出し方や、園で気をつけていること、心掛けていることなどをどのように伝えたら保護者の協力、理解を得られるか考えてみましょう。
1人の考察　　　　　　　　　　氏名（　　　　　　　　　　）
2人の考察　　　　　　　　　　氏名（　　　　　　　　　　）
4人の考察　　　　　　　　　　氏名（　　　　　　　　　　）

＊記録用紙のサンプルをP.78に掲載しています。

第2部　職場の課題を見つけよう

グループワークの場合　その2

実践例 step2　　2つのグループの記入例を紹介します。テーマは、P.71で紹介している内容です。

グループ①

1人の考察	氏名（　A　）

家での本児の姿を丁寧に聞きながら、園で見られる姿を具体的に話す。
その中で、保護者自身が気になっていること、困っていることがあれば聞く。
子どももどこの場面で助けを必要としているか、担任として気づくことがあれば伝える。

2人の考察	氏名（　A　B　）

家で気になることや参観の様子を見て感じたことを聞く。
家と園で共通している姿を探る。
保護者の様子によっては、専門的な話につなげていく。

4人の考察	氏名（　A　B　C　D　）

家で困っている様子を聞く。
参観前に、保護者に見てほしい場面を伝えておく。
保護者が困っていることへの手立てについて、保護者と担任の共通認識を図る。

グループ②

1人の考察	氏名（　E　）

家での子どもの様子を聞きながら、保護者が困っていることはないか聞く。そのうえで、園との共通点を見つければ、共感し、園だけの姿であれば、その旨を伝えた上で話す。保育参観の前にその姿を伝え、どういうときに子どもの姿に注目してほしいか伝える。

2人の考察	氏名（　F　G　）

家での様子を聞く。家でどう接しているかを聞く。
保護者の思いに共感したうえで、手立てを家庭と園で共通にできるようにする。

4人の考察	氏名（　F　G　H　I　）

家での様子を聞く。　保護者が困っている点を聞く。
他愛もない話から引き出していく。
家庭での対応について、園でも同様に対応していけそうな部分があればそうしていく。
子どもが困っている、助けを必要としている部分を伝える。

実践例 step3 　記録用紙を回収し、プロジェクトチームのメンバーがまとめた内容です。

	コミュニケーション力up!　ケースワーク　報告書　実施日　○○年○月△日(木)
ワーク 事例内容	テーマ 『気になる子どもの様子を保護者にどう伝えるか　面談編』 ≪子ども（3歳児）の姿≫ 周囲の刺激に左右されやすく、あそんでいても音や人の動きにつられてしまう。また落ち着きもない。 個人面談で保護者に子どもの気になる様子を伝える際の本題の切り出し方や、園で気をつけていること、心掛けていることなどをどのように伝えたら保護者の協力、理解を得られるか考えてみましょう。
ワークで 出た意見	○聞く ・保護者の話をたくさん聞く。否定をしない。 ・園での姿を伝え、家庭で困っていることを具体的に聞く。 ・気になることについて、保護者の感じ方を確認しながら話を進めていき、気になっていることを保護者がどうとらえているかを探る。 ○伝える ・具体的な場面を提示して、気になるところを想像しやすくする。 ・園での姿を重ねながら、具体的な解決策を一緒に考える。 ・園での具体的な対応を話し、家でもやってみようと思える伝え方をする。 ・面談をして良かったと思ってもらえるように保護者に次への見通しを伝える。 ・本人が困っているから手立てを共通にしたいという姿勢で伝える。 ・困っていることに気づいていない場合、"園では、その子が気持ちよく過ごせるように配慮していることがある"ことについてはこちらから伝えていく。 ・『困っている』という表現ではなく、『園でも気にして見ている』と言い換える。 ・子どもの良いところをたくさん伝える。・発達を交えながら、子どもの様子を伝える。 ・保護者が重く受け止めすぎないような伝え方をする。 ○その他 ・話しやすい雰囲気を作る。（普段からのコミュニケーションが大切） ・子育ての大変さに寄り添う。
まとめ 分析	・言いたいことはたくさんあるが、まずは保護者の話を聞くことが大切。 ・面談というと構えてしまって、なかなか心を開いてくれない人もいる。話しやすい、話しかけやすい雰囲気づくりや日頃からのコミュニケーションが大切。 ・先輩が話すのを聞いて、自分の面談を振り返ることができた。 ・早朝夕方保育の時間帯に会えない保護者とのコミュニケーションが取りづらい。

＊報告書のサンプルをP.79に掲載しています。

4 会議シートを使って

　会議シート（P.75参照）を使って、円滑な会議運営をめざします。架空のテーマで模擬会議のワークを行ってみましょう。「会議」だからと堅苦しく考えず、まずは、会議シートを使った話し合いを体験するために、話しやすいテーマを選んで取り組んでみましょう。司会進行例と実際に行った実践例を紹介します。

司会進行例

❶お手元に配った「会議シート」を使って会議を行いたいと思います。

❷まずは、会議の出席者の名前を記入してください。今日のリーダーは○○先生です。

❸テーマは「○○」です。会議シートにテーマをご記入ください。
　＊このとき、テーマ名だけではなく、少し具体的にテーマの内容や意図を伝えます。

❹では、めいめいで考えや意見を書き込んでください。3分間お渡しします。書き方はどんなスタイルでもかまいません。箇条書きでも、キーワードだけ、思いつくままに書き込むのでもいいです。
では始めてください。終了15秒前にお知らせします。

❺では、順番に発言していただきましょう。若い先生からお願いしたいと思います。

❻聞いている人たちは、ほかの人の意見を聴いていて、感じたこと、気になる言葉などを「ほかの人の考え方」の欄に書き込みます。

❼では、△△先生、お願いします。

❽いろいろなご意見をありがとうございました。
　＊具体的に決まった内容、まとまった意見を口頭して、全員で書き込みます。

実践例

●テーマ

「好きな食べ物を1つ選ぶ」

ワークなので、テーマは、だれもが発言しやすい内容にしました。

●話し合いの様子

自分はなぜこの食べ物が好きなのかを、メンバーに分かってもらいたくて熱く語る人、それを聞く人、突っ込んで聞く人と展開していきました。

人の意見を聞いて、共感ができる・できないに分かれても、シートに書く作業によって、お互いに少しクールダウンしたり、整理がつきやすくなったりして、みんな納得の結論が導き出せました。

（実践園／境こども園）

＊フォーマットをP.80に掲載しています。

第2部　職場の課題を見つけよう

参加者の感想

会議シートを使うワークに参加した人のコメント

- シートに自分の意見を書き込むことで、自分の考えを整理でき、発言も落ち着いてできると感じました。
- このシートを使うと、まず自分で考え、みんなの意見を聞き、さらにもう一度自分で考えられます。保育を進めるうえで、職員同士が話し合いをすることが多いので、とても有効で、効率的な方法だと思いました。
- 意見を求められたときに、考えが漠然としていると発言しにくいですが、会議シートを使うと話しやすく、また、ほかの人の発言をじっくり聞くこともできました。
- 時間制限があると、時間内に自分の考えをまとめようという意識が働き、かえって伝えたいことがしっかり伝えられると感じました。

| Column | リーダーの力は日々のやり取りで高める |

新保庄三

　リーダーの役割が求められるのは、会議の場面だけではありません。むしろ日々のやり取りの延長線上に会議の場面があります。ここで、あらためて、日々の業務において、どういうふうにリーダーを意識しているか、振り返ってみましょう。たとえば、だれがリーダーか、毎日、職員間で声に出して確認しているでしょうか。1週間ごとにリーダーを交代するシステムだと、交代する日だけ「今日から○○先生ですよね」「そうです。よろしくお願いします」とやり取りしていないでしょうか。

　日常的に「わたしがリーダー」「今日のリーダーは○○さん」と声に出すことで、1人ひとりが責任の意識を高めることができます。何かあったときではなく、いつもリーダーの存在を明確にすることは、実は事故防止につながるのです。
　たとえば、散歩先で思い思いにあそんでいた子どもたちに声をかけて、園に戻る準備に入るとき、リーダーの存在が明確か、曖昧かでは、保育者の動きは大きく違ってきます。リーダーの存在が明確だと、「今日は、わたしがリーダーです。△△先生、子どもの人数を確認してください。××先生、列の後ろについてください」など、保育者の役割分担も明確になります。また、緊急性の高いときは、優先すべき対応や二次災害を防ぐ対応により、子ども達の安全をいち早く確保できます。

ここから始めよう！

- 日ごろから2人以上で仕事をするとき、話し合うときには、必ずだれがリーダーなのか、声に出して確認します。リーダーだけではなく、ほかのメンバーも声に出して応えます。
- 毎朝確認します。リーダーを1週間、あるいは1か月など、一定の期間にわたる場合も、必ず毎日声に出して確認し合います。
- 散歩に行く、食事の準備に入るなど、保育者の動きが変わる場面でも必ず声に出して確認し合います。

逆にあまり意識しないと、「言わなくてもわかるだろう」「△△先生がやると思っていた」と、互いに確認しないままに動いてしまいます。こうした小さなすれ違いの積み重ねが、事故を引き起こしたり、二次災害につながったりするケースが少なくありません。

「みんなで対応すること」と「チームワークがよいこと」は、イコールではありません。本来のチームワークは、めいめいが役割を分担し、責任をもって遂行することです。そのためには、リーダーの意識を高める日々のやり取りが、必要不可欠といえるでしょう。また、こうしたやり取りが、リーダーの自覚をもつことが難しい人の意識を高めることにもつながります。

そして、会議の場においても、それぞれの意見が違っても、リーダーが責任をもって判断できるようになり、限られた時間内に効率的にまとめられるようになっていきます。

コミュニケーション力up！　園内ワーク記録用紙　　実施日　年　月　日（　）
1人の考察　　　　　　　　　氏名（　　　　　　　　　　　　）
2人の考察　　　　　　　　　氏名（　　　　　　　　　　　　）
4人の考察　　　　　　　　　氏名（　　　　　　　　　　　　）

コピーしてお使いください。

コミュニケーション力up!　ケースワーク　報告書　実施日　　年　月　日（　）	
ワーク 事例内容	
ワークで 出た意見	
まとめ 分析	

コピーしてお使いください。

会議シート

【出席者】

【話し合うテーマ（内容）】

【自分の考え方・質問】

【ほかの人の考え方】

【まとまったこと・決まったこと】

コピーしてお使いください。

第 3 部

チーム力アップのプロセス

多くの現場で起こり得る問題や、具体的な事例を取り上げます。また、問題が大きくならないようにと取り組んだ数々の事例を通して、チーム力が高まっていくプロセスをたどります。

具体例を通して考える
チーム力アップに向けて

園の職員がそれぞれの場で仕事を進めていく中で、実際に気になることが起きたとき、ちょっとしたやり取りの工夫で問題をそれ以上大きくしないで収めることができます。大事なことは気になることを解消したり、解決したりすることではなく、収めていくスキルを身につけることです。

Case ❶　職員のやり方が気になったとき

　例えば、3歳未満児保育では、ベテラン保育者と新人や若手の保育者がペアになることが多く、どうしてもベテランが指導する場面が増えます。中には、コミュニケーションがうまくいかず、互いに不満が募って、保育への影響が懸念される場合もあります。園長や主任の立場からは、どうしても指導者であるベテラン保育者にその懸念を伝えることになりますが、効果的な伝え方のスキルを知っているかどうかで大きく変わってきます。ベテラン保育者のやり方について、園長が伝える場面を例にして紹介しましょう。

　右ページのAタイプは、伝え方のスキルがない場合。Bタイプはスキルを知っている園長が伝える場面例です。Aタイプのような伝え方になると、どうしても「園長から責められた」と感じ、却って不満が残ります。でも、Bタイプのような伝え方だと、「叱られた」のではなく、「教えてもらえた」という印象になります。これは、ベテラン保育者が新人や若手の保育者に保育スキルを伝える場合も同じでしょう。

A　スキルがない園長が伝える場面

○○先生、△△先生はまだ1年目だから、もう少し柔らかな口調で伝えたほうが、先生の思いがちゃんと伝わるように思いますよ。
○○先生はそんなつもりはないんでしょうけど、そばで聞いていると、とても強い口調に感じます。
あれでは逆効果じゃないでしょうか

わたしなりに一生懸命やっているのに・・・。

B　スキルを知っている園長が伝える場面

1

○○先生、2歳児クラスになって頑張っていますね。
新人の△△先生のフォローもしてくれるのでとても心強いです。

あらそんな…

2

ただ、さっきの伝え方では、△△先生は何がいけないのかわからないですね。
△△先生のレベルに合わせて、あのやり方だと結果的にどうなるかという見通しまで説明するような言葉かけのほうが、先生の考えが伝わりやすいですよ。

そうか！

3

主任も、○○先生のことをとても頼りになるってほめていましたよ。もちろんわたしもそう思っています。新人の△△先生と子ども達と、両方を見なくてはいけなくてなかなか大変ですが、一緒に頑張っていきましょうね！

はい！がんばります！

第3部　チーム力アップのプロセス

Case ❶ 職員のやり方が気になったとき

> ポイント

- 一番言いたいことを真ん中にして、ねぎらいや励ましの言葉で「サンドイッチ」にします。法則として覚えておけば、職員間だけではなく、保護者対応などいろいろな場面で使えます。

【サンドイッチ方式】

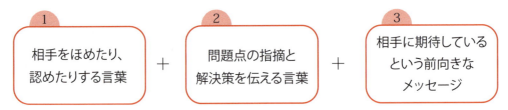

1. 相手をほめたり、認めたりする言葉
   ＋
2. 問題点の指摘と解決策を伝える言葉
   ＋
3. 相手に期待しているという前向きなメッセージ

- 何を言いたいのか、（２）の部分がぶれないように注意しましょう。また、あいまいな表現にならないよう、明確な言葉で伝えることが大事です。言いにくいことを伝えなくてはいけないのですから、少し表現を和らげたくなりますが、そうすると言われた保育者は上司が自分に何を求めているのかわからず、混乱してしまいます。上司は相手が理解していないからどんどん感情的な言い方になってしまい、そうするとただ叱っているのと同じことになってしまうので逆効果です。
- 伝える際は、「しっかりとした脚本」が必要です。明確な指導がないと「パワーハラスメント」と受け取られてしまいますが、指摘と改善策を明確に入れ、きちんと認める言葉があれば「指導」になります。

Case ❷ 人間関係で問題が起きたとき

　チームで仕事を進める中で、どうしても起きてくるのが人間関係のトラブルです。「ベテラン保育者と新人保育者がうまくいかない」といった個別のトラブルもあれば、「調理室の人間関係がぎくしゃくしている」といったチーム全体の問題もあります。
　まずは、職場内で起きる問題について、どう考えているか、あるいはどう動くことが多いか、自分自身を振り返ってみましょう。

振り返りのポイント / **ここがカギ**

- 問題が起きることを問題にしている
  → どんな職場も大なり小なりの「問題」を抱えています。大事なことは「問題が起きる」ことではなく、「起きたときの対応」です。

- 問題を解決しようとしている
  → 解決できないことを解決しようとすることで、問題をさらに難しくしているケースが少なくありません。「解決」するのではなく、「鎮める」「収める」ことがカギとなります。

- 問題を起こしている当事者1人ひとりから話を聞いていない
  → チームで問題が起きていることを把握しながらも、多くの管理職が当事者から話を聞いたり、話し合ったりする時間がもてていないという実感をもっています。まずは十分に公平に話を聞く時間を作ることが必要です。

Case ❷ 人間関係で問題が起きたとき

【1対1で問題が起きた場合】

　若手保育者とベテラン保育者間など2人の間で問題が起きているときは、若手の話を聞く人と、ベテランの話を聞く人をそれぞれ別に設けます。そうすると、話す方は自分の話だけを聞いてもらえる安心感を得て、冷静に話をすることができます。安心して話すだけでクールダウンすることもあります。また、話しているうちに、自分の振る舞いや言動にも反省すべき点があることに気がつく場合もあります。別々に話を聞いている園長と副園長は、情報を共有して、収拾の糸口を園長・副園長のチームで探っていきます。

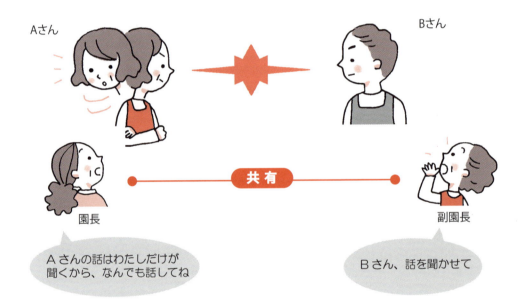

Question　「同じ人が聞くのではだめ？」

　トラブルが起きると、まずはそれぞれに当事者を呼んで、園長が言い分を聞くというのは、よく用いられるやり方です。このやり方だと、相手が園長にどう話すのかが気になるため、どうしても自分を正当化し、相手への不満を言うだけで終わってしまいがちです。しかも、それなりに双方の言い分に一理あることが多いので、収拾の糸口は見つからないまま、時間が経過してしまいます。

【チーム全体で問題が起きた場合】

　たとえば、1人の職員の言動がチーム全体の雰囲気を気まずくし、仕事へのモチベーションを下げているような場合は、そのチーム全員と園長や副園長が個別に話を聞きます。このときも、個別のトラブルのときと同じように、聞き手も園長と副園長というふうにチームで対応することが大事です。

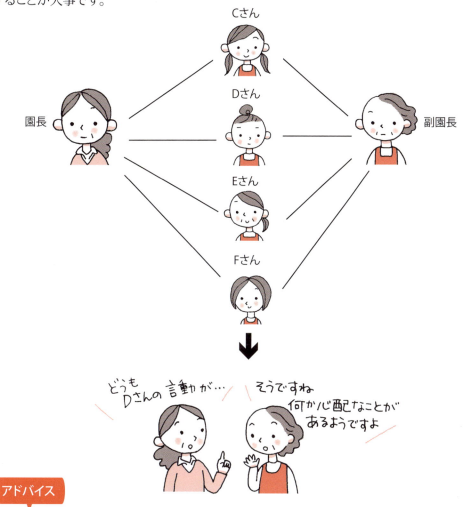

アドバイス

- 人間関係のトラブルを完全に解決することは難しいものです。園長や副園長など対応するチームは、個々の話を聞きながら、「今年度3月いっぱいまで、このチームあるいは両者の関係がどうやったらうまくもたせていけるか」と、具体的にイメージできる範囲での対応策を考えます。
- 問題は一度きりということはあまりありません。再度、問題が生じたときには、「最近、また何かありましたか?」と、ヒアリングを繰り返していきます。

Case ❷ 人間関係で問題が起きたとき

覚えておきたいキーワード

● 問題の共有

　人間関係の問題が起きたとき、問題を職員が共有することが対応のカギになります。起こったことを整理して、文字にして書いていくことで、問題の共有化を図りましょう。記入のポイントは3つ。「問題」と「原因」と、そして「解決」です。「問題」については、事実関係を整理するために「いつ・どこで・だれが・何を・どのように」に加えて、「どうなったか」を記入します。また、「解決」については、実際には解決までもっていくことは難しいですが、「解決に向けてどうしたらいいか」「どうなってほしいか」というイメージを文字にします。記入書式を決めておくと書きやすいです。

<記入書式例>

記入シート

①問題　　具体的に起きたこと、困ったこと
（いつ、どこで、だれが、何を、どのように、どうなったのか）

②原因　　なぜ起きたのか

③解決　　どうなってほしいのか、どうしたらいいと思うか

● 柔軟性

　対応策を考えるときに必要なことは、複数の対応をイメージする「柔軟性」です。簡単なワークを通して、柔軟性を鍛えておくことも大事です。

ワーク例

テーマ＝「いちばん行きたい観光地を決める」
【やり方】
① 4人ずつでグループを作り、お互いの表情が見えるように輪を作ります。
② じゃんけんなどでリーダーを決めます。
③ リーダーは話をする順番を決めて、進めていきます。話し合う時間は10～15分程度と決めておきます。話をする順番は、年齢なら若い人から、正規職員やアルバイトが混じっている場合は、アルバイトから話してもらいます。
⑤ 全員が発言してから「さあどうしようか」と話し合います。

【実践エピソード】

　各グループでテーマについて話し合いをもちました。どこでもよさそうなものですが、なかなか決まりません。あるグループのリーダーが、「一番ではなくて、二番目なら、どこですか？」と聞き直したところ、共通の場所が出てきて、どうにかグループの総意として1つの場所を決めることができました。「一番」ではなく「二番目」と質問を切り替えたリーダーの機転は、対応策を複数考えた表れといえます。

第3部　チーム力アップのプロセス

実践事例

現場での試み

本書で紹介しているワークを使った実践事例を取り上げます。大きな問題が起きていない段階でワークを取り入れ、チーム力を高めた例や、小さなトラブルに対してワークを活用して収束を図った事例など、どの職場にも思い当たるものばかりです。ワーク以外の取り組みもあわせて紹介します。

Case ❶ 職員が入れ替わる年度始めに実施

使ったワーク　おしゃべりのワーク①「わたしの好きな物」

＊ワークの手順やポイントなど、詳しい内容はP.46〜47を参照ください。

 背景

　職員の入れ替えが例年より多く、何となく職場の雰囲気が落ち着かない印象でした。職場は、正職、嘱託、アルバイトと職層もさまざまで、勤務時間によってはやり取りをする機会がない職員もいます。新たに仲間になった職員とあいさつを交わす程度の職場の雰囲気を少しでも変えてみようと考え、おしゃべりのワークを取り入れることにしました。

内容

❶ 午後の午睡時間を利用して、「わたしの好きな物・こと」を書き込んだ「九分割」の用紙を手に5人の人とおしゃべりしながら交換します。

❷ 交換後、それぞれ感想を書き添えて、「九分割」の用紙を提出してもらいます。

❸ 集まった「九分割」の用紙の名前の部分を隠して模造紙にはり、「わたしはだれでしょう?」とタイトルをつけ、壁新聞のように休憩室の壁にはっておきます。

変化

ワーク後の壁新聞が好評でした。休憩する度に、「えー、だれだろう?」「へえ、○○さんも△△が好きなのね」と盛り上がり、少しずつコミュニケーションが深まっていきました。結果として、仕事ではやり取りをする時間がすれ違うスタッフ同士も親近感がもてる雰囲気が広がっていきました。そして、こうしたい雰囲気が子どもの話をしやすくなる土台になっていき、さまざまな子どもの姿を職員間で共有するようになっていきました。

昼のワークなので、朝夕の延長保育を担当するアルバイトさんにとっては勤務外の時間帯になります。今回のワークでは、できるだけ多くの職員に参加してほしいと考え、勤務時間外の職員に対しては勤務扱いにして時間給をつけました。そのことが参加率を高め、チーム力アップにつながっていきました。

(実践園／境南保育園)

Case ❷　悩みや戸惑いを共有するために

使ったワーク　おしゃべりのワーク①「わたしの好きな物」

＊ワークの手順やポイントなど、詳しい内容はP.46〜47を参照ください。

 背景

　保育士になって1年目。1歳児を担任していますが、園長や副園長が見ていると、同じクラスの先輩や、非正規職員とのやり取りに戸惑っている様子が見られました。そのため、どうしても本人からの声かけは少なく、チームで保育をしているようには感じられません。これは、本人にとっても、また一緒に保育をしている職員にとっても、そして、子どもたちにとっても、望ましいことではないと考え、0〜2歳児クラスの正規職員4人によるワークを行うことにしました。

内容

❶ おしゃべりのワークで使う「九分割」の用紙を使って、中央のマスにそれぞれ悩んでいることや考えていることを書き込みます。

❷ 周囲の8マスに、そのことで回りに影響していると思うことを書き込みます。8マスすべてを埋める必要はありません。

❸ 1対1で用紙を交換して、おしゃべりをします。3分間くらい話をしたら、相手を替えてまたおしゃべりをします。おしゃべりだけではなく、相手の悩みに対して「こうしたらいいのでは」というアドバイスを空いているマスに書き込みます。

> 変化

いろいろ話を聞いてもらい、またアドバイスをしてもらう中で、ほかの職員がどう感じていたかを知る機会になりました。失敗をして落ち込んでしまったことなども、一人で抱えずに周囲に意見を求めてみたいと思えるようになったようです。ワークの後、「自分がどうしていいかわからなく、緊張状態が続いていたけれど、ほかの職員から『わかる』と共感してもらえたことで、悩んでいるのは自分だけではないと気持ちが軽くなった」という感想が寄せられました。立場の違うアルバイトの保育者にどう伝えていけばいいのかという悩みについては、ほかの先生方から具体的な言葉かけや対応をアドバイスされ、よりよい関係作りについての具体案が見つかり、ほっとした表情でした。

また、ほかの職員からも「自分の中での思いも整理され、自分はここに引っかかっていたのだと改めて気づくことができた」「気持ちが整理されたことで自分の思いがあふれるように涙が出てきてしまったけれど、すっきりした気持ちになった」などの感想が寄せられ、若い保育士の言動に戸惑い気味だった気持ちが整理され、親近感や仲間感が強くなったようです。

Case ❸　話すことが苦手な職員のために

> 使ったワーク　会議シート

＊ワークの手順やポイントなど、詳しい内容はP.74〜75を参照ください。

背景

　職場には、「自分の考えや思いをうまく伝えられない」「どうやったら伝わるのだろう」と、コミュニケーションに苦手意識をもっている職員が少なからずいました。そこで、「話す」のではなく、「書く」ことで自己開示を経験できたらと考え、会議シートを使うことにしました。

内容

❶10人の職員を2つのグループに分け、時間帯をずらして行います。1グループ30分間を目安とします。グループ分けは、1つのグループを全員が中途採用者で社会人経験がある職員にまとめました。

❷「今、一番悩んでいること」というテーマで、各自思っていることを「会議シート」の「自分の考え方・疑問に思ったこと」に書き込みます。

❸5人の中でいちばんキャリアの浅い職員が❷の内容を発表します。

❹ほかの4人が悩みを解消するためのアドバイスやアイディアを出します。発表者は、出されるアドバイスを「ほかの人の考え方」に書き込みます。

❺順に❸❹を繰り返し、最後に全員でフリートークを行います。

変化

書き出してみるといろいろな悩みが表れました。
「園全体が把握できない」
「ほかのクラスの様子がわからない」
「手のかかる子が多くて、思うように仕事が進められない」
「子どもの主体性を大事にしたいが、どこまで尊重していいのかわからない」
「乳児の経験がないので、前職の経験がまったく生かせない」
「見通しがもてなくて、いつも迷っている」
「担任をもててうれしいが、クラス運営で悩む」
「いつも慌てていて余裕がない」

こうした悩みを互いに表現する中で、「話すことで、アドバイスがもらえたり、自信を得たりして心強さを感じる経験ができ、貴重だった」「みんなで相談して、前向きに明るい気持ちになった」といったポジティブな感想がたくさん寄せられました。一度文字化したことで、自分の思いや考えを整理し、まとまったのだろうと推測されます。また、すでに書き出していることで、余裕をもって伝えられたのかもしれません。

若手が多い職場ですが、このワークを繰り返すうちに、次第に短い時間で自分の思いや意見を述べることに慣れてくる様子が見られるようになりました。ほかの人の話を聞きながら、自分のことに置きかえて考えたり、解決策を仲間と一緒に模索するなど、仲間とつながろうとする姿がでてきました。

Case ❹　もっと同僚を身近に感じるために

使ったワーク　「海が好きか　山が好きか」ワーク

＊ワークの手順やポイントなど、詳しい内容はpP.28〜29を参照ください。

何か問題が起きているわけではなかったのですが、職員間のやり取りに表面的な印象がありました。「何か心配なことや困っていることはないですか?」と聞いても、「別にない」という答えが返ってくるだけで、それ以上にはコミュニケーションが深まらないので、もう少し踏み込んだ話ができるかかわりを作りたいと考えました。

3人1組になり、その内の2人が「海が好きですか、山が好きですか」「それはなぜですか」などの質問を互いにして、答えていきます。各グループの様子を見ながら、副園長がやり取りの中に入り、相づちを打ったり、短い感想を添えたりします。

変化

ワークの中で、相手の知らない部分、考えがわかって、納得したり、驚いたりして会話が弾みました。保育とは関係のない話題だったことがよかったようです。「何も心配事はない」と答えているときに感じた緊張感がなくなり、今までよりも同僚を身近に感じられた様子が見られました。

Case ❺ 調理室での緊張状態をやわらげるために

使ったワーク 「おしゃべりのワーク」②回転式おしゃべり

＊ワークの手順やポイントなど、詳しい内容はP.48~51を参照ください。

調理室に新卒の栄養士が加わりました。ほどなく、ベテランの調理師と、新人栄養士がぶつかるようになり、あまり言葉も交わさず、目も合わさない様子に、ほかの職員から「すごく気を遣う」「仕事がやりにくい」といった声が寄せられるようになりました。

仕事が始まってあまり時間がたたないうちから、折り合いがつかなくなっているようだったので、お互いの先入観や思い込みがあるのではないかと考え、仕事の話題から離れたテーマを取り上げて、やり取りを重ねていけるように「回転式おしゃべり」を取り入れました。また、調理室チームに用務員さんを加えてワークを行うことにしました。これは、ほかの職員が用務員さんに愚痴をこぼしていることがわかったからです。

愚痴をもらしていたほかの職員は、ワークに用務員さんが加わることで気分的に楽になったようです。用務員さんがクッション役になってくれました。最初はぎこちなかったおしゃべりも少しずつなごんできて、調理室＋用務員チームがまとまってきました。いつの間にか、プライベートでもつき合うようになっていきました。

Question　「一緒に行うことが難しい場合は？」

折り合いの悪い2人が同じワークを行うことが難しい場合は、それぞれの職員に合ったワークを用意する方法も有効です。新人の栄養士には、年齢が近い職員とおしゃべりのワーク「わたしの好きな物」（P.46）をやって、彼女が話せる機会を設けます。一方、ベテランの調理師には「弱音をはく／失敗を語る」ワーク（P.54）で話してもらいましょう。少し距離が縮まるかもしれません。

Case ❻　チーム力の変化を検証する

使ったワーク　コミュニケーショングラフ

＊ワークの手順やポイントなど、詳しい内容はP.34〜35、42〜45を参照ください。

　北町保育園では、職場の課題を「見える化」する「コミュニケーショングラフ」を作成して、職場の課題を共有し、必要と考えるワークだけではなく、さまざまな取り組みを継続的に行ってきました。1年後、再度「コミュニケーショングラフ」を作成し、チーム力の育ちを検証することにしました。

内容①

❶ コミュニケーショングラフ第1回目（図A）の作成　＜平成27年12月＞

　職員を運営層（園長・副園長・主任）のほか4つのグループに分けました。4つのグループにそれぞれ4人の主任が入り、ファシリテーターになって進めました。

❷ コミュニケーショングラフの考察

　グループごとのグラフを1つにまとめるとともに（P.99／図A）、具体的な姿を追ってみると、運営層が考えるより、自己肯定感が低く、自信のなさが感じられました。

❸ ワークでの強化

　全職員を4グループに分け、コミュニケーショングラフから読みとった弱い部分を中心にワークを行って強化していくことにしました。また、ワークの最後には、感想を付せんに書いて、話をしながらみんなで共有する時間を作りました。

- ●「おしゃべり」のワーク
  「わたしの好きな物」「回転式おしゃべり」　全グループで実施。
- ●「弱音をはく」ワーク
  「深呼吸をする」「泣ける話」「昔話をする」「失敗を語る」
  負担に感じる人もいることに配慮し、「弱音をはく」の点数の高い1グループで実施。
- ●「声かけ」のワーク
  「あいさつ」「ほめほめシャワー」1グループで実施。
  「大好き」のワークは全員がクラスの子どもに対して3週間継続して取り組み、記録して振り返る。
- ●「対話」のワーク
  「1・2・3のワーク」「POPOPO」2グループで実施。

図A　コミュニケーショングラフ①

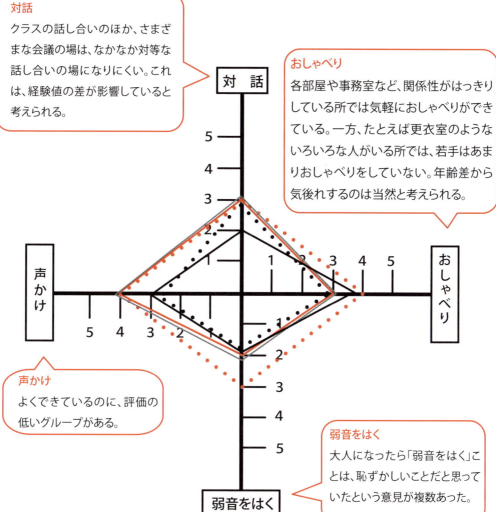

＊吹き出し内の内容は、運営層の考察コメントです。

Case ❻ チーム力の変化を検証する

❹ ワーク以外にも職場全体でさまざまな取り組みを実施
○事務室に来た時に、おしゃべりしやすい雰囲気になるよう、ちょっとつまめるおいしいお菓子を常備したり、事務室メンバーからの声かけを大事にしました。
○「おもてなしの会」を開催しました。(詳しい内容をP.10~12で紹介)
○月ごとに誕生日を迎える子どもと職員の写真と日にちを入れた誕生表を玄関フロアに掲示しました。
　誕生日にいろんな人に「おめでとう!」と声をかけられて笑顔の輪が広がりました。また、同じ誕生日や誕生月にまつわるエピソードで保護者や職員の会話の輪も広がりました。
○「ヒヤリハット」報告を実施しました。
　保健室で処置したけがや傷、保育中の危険な出来事などを個々で記入した後クラスで共有し、園長に報告→まとめて会議で全職員が共有しています。

❺ クラス担任の関わりを強化する取り組みを実施
○保育士の体調について、クラスごとにリーダーが1人ずつに声をかけ、把握するようにしました。また、いつ、どのように把握するかを標語にした紙を貼り、意識できるようにしました。
○クラスの中で係を決め、担任同士の意思疎通を図りました。たとえば、ティッシュペーパーやトイレットペーパーを補充する「ペーパー」係。「だれかがやるだろう」となりがちな仕事の係を決めることで、意識的な声がけにつながります。
○乳児担任の食事時間や、連絡ノートを記入する午睡中の時間帯は、クラスのドアを開けて2クラス一緒に行うようにしました。幼児担任は、連絡ノートを記入する際は、1クラスに集まって作業する体制を作りました。その時間は、今日の保育の振り返りや子どもの姿を共有したり、プライベートな話もできる場にもなっています。

❻ 会議のもち方を工夫
○会議にコミュニケーション力アップのためのワークを取り入れました。(詳しくは、P.70~73で紹介)
○会議の中で子どものことや社会的なことを取り上げている新聞記事を順に交代しながら声に出して読み合わせする機会を作りました。
○ねらいや方向性がある程度定まっているプロジェクト(小会議)のメンバーは、若手職員で構成し、必要に応じて主任が入って相談に乗るようにしました。
○幼児会議の学習会では、主任が抜けて若手で意見交換をしたり、期の反省を個人で書いて若手で構成したグループで実践検討したりして、保育の評価反省のもち方を工夫しました。その結果、若手の率直な意見交流が活発になりました。

＊「コミュニケーション力upプロジェクト」とは、北町保育園で取り入れている、職員間や保護者とのコミュニケーション力を高めるためのワークを計画する取り組みを指します。

内容②

❶コミュニケーショングラフ第2回目（図B）の作成　＜平成28年12月＞
第1回目（P.99で紹介）と同じ要領で、作成しました。

❷1年前に作ったグラフと比較検討
1年前の内容と比較すると、全体にグラフが大きくなりました。特に「おしゃべり」と「対話」はどのグループも伸びていました。異動者がいるグループは値の低いところがありましたが、これは、グラフ作りの経験がなかったことと、新しい環境への適応途中によるものと考えられます。「弱音をはく」については、「自分のすべてをさらけ出す」ことと捉え、「失敗を語ること」に抵抗を感じている印象があります。定義の表現を変えると値も変わってくるかもしれません。

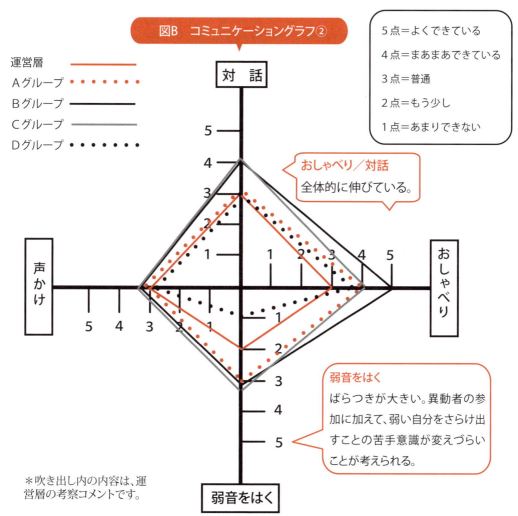

＊吹き出し内の内容は、運営層の考察コメントです。

Case ❻　チーム力の変化を検証する

成果や感想　　●＝運営層のコメント　　◎＝各職員のコメント

- ●職場のさまざまな場面において、自分たちで考え、行動することが増えてきました。コミュニケーションスキルの向上とともに、日頃のいろいろな取り組みの成果が出ていると感じました。
- ●ささいなことでも「ヒヤリハット報告」を書き、園長に話して、助言を受けるようにしました。はじめはとても緊張している様子でしたが、徐々に自分から話をする姿が増えました。
- ●声かけのワークでリーダーが各クラスの保育士の体調を把握することを重ねてきましたが、この取り組みにおいても、自分の体調不良や睡眠不足を気軽に言える雰囲気が広がっていきました。

- ◎昨年に比べて「おしゃべり」と「対話」が伸びたのは、園のどこにいても笑い声が聞こえ、会話が弾んでいるのを実感できたからだと思います。
- ◎職員が心地よく過ごせたら、子どももそれを感じるのかなと思いました。大変な仕事ですが、だからこそ職員同士が声をかけ合い、支え合って気持ちよく働けるよう努力したいです。
- ◎新しい職員体制になり、北町保育園の保育や、やり方を伝えていかなければならない状況の中で「声かけ」が不足していると感じました。
- ◎クラスやコミュニケーション力 up プロジェクト、また会議などで考え合うことができて、「対話」が上がったように思います。
- ◎自分の経験年数によって、役割も変わってきますが、他の職員との関係ができてきたことで、グラフの値が良くなったという側面が大きいと思っています。
- ◎前からいる職員と異動者ではグラフのとらえ方と値に差がありましたが、これから差が縮まるといいなと思いました。

新たな取り組み

さらにコミュニケーション力と保育で必要な「声かけ」をアップしていけるよう、新たに「声かけ」のワークとして、「イメージして絵を描く」を取り入れました。

イメージして絵を描くワーク Part 1　　　　　所要時間　5分間程度

ねらい
①同じものをイメージしてもらうことの難しさを知る。
　自分のイメージをいかに言葉で、丁寧に伝えられるか？
②自分がわからない時に聞くことの大切さを知る。
　自分がわからないことを、どうやって相手に尋ねればいいか？
　相手の質問を聞いて、自分がどのように答えるか？

手順
①5、6人で1グループを作ります。
②グループの中から1人、出題者（A）を決めます。
③Aはほかの人に絵が見えないようにして、絵のヒントを4つ言います。
④ほかのメンバーは2分間Aに順番に質問し、Aの答えを聞きながら、イメージした物を描きます。
⑤時間になったら、絵を見せ合います。
⑥主題者の役を交代し、別の絵カードを選んで③～⑤を繰り返します。

ポイント
・準備する物
　絵カード（ハガキ大）人数分
　ボールペン、フェルトペン
　回答者用の絵カード（白紙）
・絵カードは動物や食べ物、乗り物などシンプルな物を選びます。
・聞いたヒントはメモ書きしないようにします。

出題者からのヒントだけでイメージすることは、予想以上に難しいものです。その場合は、先に「○○の絵です」と答えを伝えてからやり取りを展開してみましょう。それでも、それぞれが描く絵は違います。このワークでは、そうしたことに気づくことが大切です。

Case ❻ チーム力の変化を検証する

| イメージして絵を描くワーク Part 2 | 所要時間 10分間程度 |

 お互いのイメージを共有するために、質問することの大切さを感じる。

手順

① 5～6人で1つのグループを作り、主題者（A）を決めます。
② 出題者は、同じ絵を描いてもらえるように、3分間説明し続けます。
③ ほかのメンバーは、Part 1のように質問はしないで、Aの説明だけで絵を描いた後、見せ合います。
④ 違う絵カードを使って、②と同様に説明します。
⑤ ほかのメンバーは順番に5分間質問し続けます。
⑥ 絵を描いた後、見せ合います。
⑦ ワークを終了した後、感想を付せんに記入します。
⑧ 各グループから1人ずつ感想を発表します。

ポイント

・準備する物、絵カードの内容Part 1と同じ。
・聞いたヒントはメモ書きしないようにします。
・絵を描く時間の目安は5分間です。
・出題者を交替しても、同じ人でもかまいません。

・発表は、主題者と回答者、それぞれ1人ずつです。

参加者の感想

声かけのワーク「イメージして絵を描く」に参加した人のコメント

● 楽しかったです。ワークを通して自然とコミュニケーションが取れていました。相手の話に耳を傾けようと思うし、出題者のときはみんなのことを考えてわかりやすい言葉を使おうと意識しました。
● 自分のもっているイメージを具体的に伝えるのは簡単そうだけれど、難しいことなのだなと思いました。
● 同じ説明を聞いても、描きあがった絵は人それぞれでした。同じことを言っても受けとめ方は本当に違うのだなと実感しました。担任間の連携や保護者対応に役立てたいです。
● Part 1に比べて、質問するときに、「みんなが気になっているところはどこだろう？」と考え、細かく整理して聞くことができました。
● 自分の得たい情報を聞き出すためにどう聞いたらいいのか、相手のことを思いながら聞くことが大切だと感じました。

Case ❼　職員に宛てた園長だよりの発行

　同じ園にいても、顔を合わせる機会のない職員もいるほど忙しい毎日。みんなが知らないところで頑張っている姿があったり、保育士同士が熱い会話をしていたり、ほんの立ち話が実にいい内容だったり、だれかが伝えないと消えてしまうようなエピソードが、園にはたくさんあります。そこで、園長から職員宛ての私的通信を発行することにしました。

　職員に伝えたいと思ったことや、自分の気持ち、そしてみんなで共有したい園の課題など、アトランダムに取り上げています。例えば、4月は、新年度を迎えての職員みんなの奮闘ぶりや、保育士同士のやり取り、保護者への思い、卒園して新1年生になった子どもへの思いなど、いろいろな話題を少しずつ発信しています。年度末の3月は、退職する職員に向けてのメッセージがつづられています。発行時期を決めてしまうと続かないので、不定期です。

　職員からは「楽しみにしています」と好評です。園長だよりをきっかけに会話が弾むこともあります。また、園内研修を担当する職員が、研修の後に参加者の声を盛り込んだおたよりを発行したり、副園長の目線で感じたことを書いて発行したり、会議などとは違う形で、自分の思いを発信するツールにもなっています。

つづり方Point

●語りかける文体
気軽な気持ちで読んでもらえるように、語りかけるような、つぶやくような文体で表現します。
●ブロックに分ける
いろいろなメッセージを盛り込むので、メッセージごとに1行空けてブロックを作ると、読みやすくなります。小さなタイトルをつけると、さらに読みやすくなります。
●やわらかな書体を選ぶ
きっちりとしたゴシック体や明朝体でつづると、事務連絡のような印象になってしまいます。私的通信の雰囲気を損なわないよう、丸ゴシックのような柔らかな書体を選びます。

Case ❼ 職員に宛てた園長だよりの発行

園長だより例 1

＊実際に発行された内容の一部抜粋して紹介しています。固有名詞は、仮名に置き換えています。

ごきげんよう

〜つぶやきをみなさんへ〜　vol.4　2015.4.30.

気付けば4月最後の一日
やっぱり保育園っていつでも忙しいですね〜
さて、新年度が始まって一か月
保育園にいる間中ずっと泣いていた新人ちゃんも、日々着実に慣れて、園内に静かな時間が存在するようになっています。受け止めようとする大人がいると、ちゃんと伝わるものなんだな〜と感心しています。それがわかって受け入れられる子どももすごいですねー

同時に、異動してきた人たち、新しく入った人、慣れましたか？疲れが出てくる頃ですよね。
そして今まで〇〇保育園にいる人たちも、新年度の疲れが出るころですね。
（保育園って、忙しさの中身が変わるだけで一年中忙しいってこと。うん、うん。）

加えて前向きに自分のお仕事（保育や調理や保健など）をやっていて頭が下がります。

先日、3歳児のKくんについて、Tさん、Oさん、M子さんの3人で話をしていました。
若い3人が、どうやってKくんの言動を受け止めたらよいのかーこうなんじゃないか、でもこうだよね、そっかーなどなど、自分の経験を織り交ぜながら話していました。
近くで見ていて、結論は出ないけど、こうやって話すことが大切で、それを若い女子3人でやっているのが、頼もしくて、うれしくなりました。
ひとりで悩んでいることも、言葉にして誰かに伝えてみると、整理されていく経験ってありますよね。再確認した夕方でした。

……中　略……

一年生も入学して1か月
新しい環境に馴染むまでには、気持ちが揺れ、コントロールも難しく、大人から見ると「困った」行動に出ている子がいるようです。
彼の気持ちがわかるだけに、歯がゆい気持ちです。
保育園では、丁寧に手をかけ、目をかけ、気持ちかけて十分な対応をしてきましたが、こういう話を聞くと「もっと何ができたかな…」と思ってしまいます。いえいえ、充分やってきました。
私たちができることって…と考えました。
私の結論：こういう時に支えになるのが保護者同志のつながりなのではないかー

……中　略……

束の間のGWですが、皆さんも一息ついて下さいね。
See You Next Time☆彡

文中の表記は原文のままです

園長だより例2

*実際に発行された内容の一部抜粋して紹介しています。固有名詞は、仮名に置き換えています。

ごきげんよう
～つぶやきをみなさんへ～ vol.3 2015.3.19

異動の内示がありました。
26年度のメンバーで保育ができるのも、今週一週間となりました。
寂しいですね。一日一日大事にして過ごしましょう。

♡Oさんは♡
〇園でパートで（確か）14年、保育の素晴らしさに目覚め、保育士資格を取るために猛勉強。資格取得と同時にその年に嘱託職員に採用され△保育園へ。翌年には子ども協会の試験に受かり、職員として〇園へカムバック。〇園では4年間になりますね。今年度、主任試験に合格し、子ども協会保育士として主任の一期生です。
一言でいうなら「ポジティブな勉強家」。今後の活躍を期待しています。

♡Dさんは♡
3年の任期付き職員を経て、子ども協会職員に。合計6年間〇園にいてくれました。
１１２３４５と6年間に5つの年齢を担任し、経験はばっちり積みました、よね！
△保育園の卒園児で、武蔵野で保育を受けると、こんなにしっかり者に育つんだーと鼻が高いです（ね、Mせんせ！）。自分の保育観を持ったしっかり者です。事前の準備、振り返りもきちんと行い、「しっかり者」に見えるのは、必要な努力を日々積んでいるからこそ。字ばっかり（笑）のお便りも83号を超えました。今週末までに何号になるのかしら。
〇×園でも頼りになる存在になることでしょう。

♡Kさんは♡
△保育園で調理嘱託を10年経て、子ども協会の職員になって一年目の新人です。実は、私と同じ年。年齢を重ねて、体力的にも落ちてくる時に、更に責任感も重くなる職員になるということは、大きな覚悟が必要です。〇×園でも頑張ってほしいと思います。

皆さんも、異動していく人たちに、たくさんの感謝の気持ちでいっぱいだと思います。
残り1週間。惜しみない感謝とエールを送りましょう。
異動先でも〇園の種を撒いてくださいね。そして、がんばれー！！！

……後　略……

文中の表記は原文のままです

終わりに チーム力作りに「特効薬」はありません

日本保育者支援協会理事長
武蔵野市保育総合アドバイザー　　　　新保庄三

　武蔵野市の公立保育園と子ども協会の保育園・こども園の園長、副園長、主任など運営層を中心に、職員の皆さんが同僚性を高めようとして取り組んできた10年間の成果が1冊の本になりました。

　まもなく新しい幼稚園教育要領、保育所保育指針、幼保連携型認定こども園教育・保育要領の3つの告示が出されます。それぞれに役割や特性がありますが、いずれもますます職員の質・専門性の向上が求められています。そして、そのためにはチーム力・同僚性の向上は必要不可欠な重点事項です。その意味では、ここで紹介している内容は保育園に限らず、子どもの育ちに携わるさまざまな現場で有効な手立てになるはずです。

　ただし、この本は、理論書でも、ハウツー本でもありません。「これさえやったら解決する」という特効薬みたいなアイディアのご紹介でもありません。むしろ、ちょっとした発想の転換や、小さな試みを実際に現場の職員がこつこつ積み上げてきた、「記録」に近いものといえるかもしれません。というのも、わたしが多くの保育園を巡回していくうちに、それぞれの現場で「こんなこともやってみようかな」と、その園独特のやり方をうまく加えてアレンジするようになっていったからです。保育者はすごいですね。そうやって取り込む能力が高いのです。

　昨今、残念なことに、園現場での事故のニュースが少なくありません。そんな中、地方のある園で、子どもが散歩先の小さな川に落ちるという事故がありました。大騒ぎになって、みんなで助けているうちに、今度は覗いていた別の子が落ちたのです。どうして、2度目の転落を防げなかったのでしょうか。役割分担が明確ではなかったからです。川に落ちた子を助ける役と、ほかの子をまとめておく役を分けなくてはいけなかった。それを指示するリーダーの存在も希薄でした。「どうする？」と互いに声をかけ合うスキルが弱かったとも言えるでしょう。つまり、チーム力が弱かったのです。チーム力というのは、仲良しの集団を作ることではありません。互いに支えあい、高めあっていく、協働的な関係が求められます。いつも、どんなときでも、平等にみんなでやることはチーム力ではありません。むしろ、それではチーム力は育ちません。また、人が集まり、関係ができれば、いろいろなことが起こります。人間関係の「い

ざこざ」を解決することは実に難しく、むしろ解決しようとすればするほど、ややこしくなっていきます。

　では、どうすればいいか。さまざまなスキルを磨く時間を作り、意識を高め合う集まりをもつことが必要になってきます。つまり、トレーニングが必要なのです。そして、そのためにはまずは、互いに気持ちのよいあいさつを交わし、困ったことを声に出せる職場のオープンな空気感が大事になってきます。本書では、そうした土台作りから提案しています。特効薬ではありませんから、一朝一夕に、目に見えて大きな変化はみられませんが、少しずつ職員の意識が変わってきます。

　この本には、そんな小さな試みをはじめ、ワークやトレーニングを実際にやってみた武蔵野市の保育園やこども園の職員の声が詰まっています。そして、その声は、本書を手に取ってくださったあなたへのエールでもあります。この本のまずは一つだけ、あなたの園でできそうなワークを選んでみてください。うまくいったら、もう一つ。小さな積み重ねが、強いチームの礎となるはずです。

　厚生労働省は、2017年度から保育園での重大事故防止策として、「巡回支援指導員」を配置するよう、自治体に財政支援を行うことを決めました。武蔵野市は、国に先駆けて、10年前から取り組んできました。その流れの中でこの1冊が生まれました。巡回研修の機会を設け、運営の労をとってこられた武蔵野市子ども育成課長菅原誠治様、課長補佐斎藤淳一様、武蔵野市子ども協会理事長筒井敏晴様、事務局長中野健史様はじめ、関係者の皆さんに心からお礼を申し上げます。

　また、日々の忙しい保育や園長業務をこなしながらも、編集委員として何度も打ち合わせを重ねた4人の園長先生と、ワークを通して率直な振り返りを寄せてくれた職員の皆さんにあらためて敬意と感謝、そしてエールを表します。

　最後に、本書の意義に共感いただき、多大な労を惜しまずに隅々まで心のこもった編集と紙面作りをしていただいた「ほいくりえいと」の中村美也子さんに、心よりお礼申し上げます。

武蔵野市の保育概要

　武蔵野市は東京の多摩地区東端、区部に隣接して位置し、人口143,630人（平成28年4月1日現在）。世代別の人口分布をみると、全国平均に比べて20代、30代の人口が際立って多く、若い世代、子育て世代の比率が高いことを示しています。

　市内の保育施設は、認可園が公立4園、公益財団法人武蔵野市子ども協会による運営が5園（他にこども園が1園）、他の民間園が10園です。その他に認証保育所13園、小規模保育15施設、家庭的保育7施設があります。（平成28年4月1日現在）。

●**武蔵野市における公立保育園改革**

　平成16年、小泉内閣が行った公立保育所運営費の国庫負担分（1661億円）の一般財源化と、並行して進められた自治体職員の定数適正化（削減）政策は、全国の自治体で公立保育所運営に困難をもたらし、その結果、保育料の値上げや非正規職員の大幅な増加、公立保育所の民営化（指定管理者化や委託化）の流れを加速させていきました。

　こうした事態の中で武蔵野市は、市としての行政責任を可能なかぎり果たしつつ、保育園運営の効率化と保育の質の維持・向上の両立を目指して、「武蔵野方式」と呼ぶ公立保育園改革に取り組んでいきます。

　その中で、①公立保育園の職員体制の見直し、②保育の質の維持・向上、③教育・研修体系の整備、④子育て支援体制の充実、⑤自立的経営環境の整備等が確認されました。

　これらの課題の具体化に向けて、各種委員会・検討会を設けて平成22年までの8年余検討を重ねました。結果、一部反対意見はあったものの国や都から補助金が得られる形で、武蔵野市が出資している外郭団体、公益財団法人武蔵野市子ども協会へ一部の公立保育所の運営主体を変更する「新武蔵野方式」を採用し民営化を実現しています。平成23年、9園ある公立のうち2園が、そして、その検証を踏まえて平成25年に3園が「子ども協会」に運営移行しました。

　公立保育園の存続と市全体の保育の継続性と質の維持・向上を果たすため、それまでの園長と複数の公務員職員が市からの派遣で協会園に残り、その後、子ども協会の職員に順次入れ替わっていく形で現在もゆるやかな移行が進んでいます。

●**武蔵野市保育のガイドライン**

　保育アドバイザーの導入や「教育・研修体系の整備」等も着手されていき（本書の内容もその一環です）、あわせて「武蔵野市保育のガイドライン」が策定されました。（平成24年3月）。

　公私立保育所職員、保護者、市当局による検討委員が11回に及ぶ話し合いを重ねて市全体の保育内容の水準を定めたこのガイドラインは、「武蔵野市のすべての認可保育所が共通の目標として掲げる保育の理念、内容が明確にされた」もので、「①子ども理解・子どもの育ちを中核にすえた、②保護者との連携・協力、地域子育て支援を位置づけた、③保育の質の確保・向上において、保育園で働くすべての職員の専門的資質とチームワークや職員配置、保育環境の改善等を位置づけたもの」等を重要な視点としています。

　多様な法人の参入があるなかで、今後、公的保育保障の動向が注目されると共に、このガイドラインがすべての保育施設に関わる人々によって遵守され、実効性を持ったものになることが期待されます。（文責：編集部）

新保　庄三（しんぽ　しょうぞう）

一般社団法人日本保育者支援協会理事長　子ども総合研究所代表　社会福祉法人土の根会理事長　武蔵野市保育総合アドバイザー他、各地自治体で保育アドバイザーとして研修・相談活動に従事
1946年新潟県生まれ。1970年保育・福祉の専門出版社を設立。1987年子ども総合研究所の設立に参加。新潟県上越市の世代間交流保育システム構築研究会顧問、長野県武石村の子育て総合アドバイザー、東京都東村山市健康・福祉審議協議会委員兼児童育成計画推進部部長、財団法人東京都助産師会館理事・評議員、東村山市花さき保育園園長等を経て現職。
＜著書＞『園力アップSeries 1　保護者支援・対応のワークとトレーニング』（2016年　ひとなる書房）
　　　　『園力アップSeries 3　重大事故を防ぐ園づくり』（2019年　ひとなる書房）他

＜武蔵野市公立保育園＞
南保育園／武藤眞奈美＊　　　　　　境保育園／関谷昌巳
境南保育園／加藤晴美＊　　　　　　吉祥寺保育園／村島明美
＜公益財団法人武蔵野市子ども協会　保育園・こども園＞
千川保育園／塚原美枝子　　　　　　北町保育園／西川浩美＊
桜堤保育園／恩田佐知子　　　　　　東保育園／木村直美
境南第2保育園／黒川喜乃　　　　　境こども園／矢野久美＊
氏名は園長（2017年1月現在）、＊は本書編集委員会のメンバー

●協力
公立保育園職員／協会保育園職員
武蔵野市／公益財団法人武蔵野市子ども協会

装画／おのでらえいこ
装幀／山田道弘
本文イラスト／かまたいくよ　山岡小麦

編集／ほいくりえいと（中村美也子　佐藤杏奈）

園力アップSeries 2
保育力はチーム力

2017年2月15日　初版発行
2019年6月15日　二刷発行

編著者　新保　庄三
発行者　名古屋　研一
発行所　㈱ひとなる書房
　　　　東京都文京区本郷2-17-13
　　　　広和レジデンス
　　　　TEL 03（3811）1372
　　　　FAX 03（3811）1383
　　　　Email：hitonaru@alles.or.jp

©2017　印刷・製本／中央精版印刷株式会社
＊落丁本、乱丁はお取り替えいたします。お手数ですが小社までご連絡ください。

［表示税別］

保護者と手をむすび共に歩む
園力をアップする新シリーズ！ ── 大好評発売中

ISBN978-4-89464-235-5

1 保護者支援・対応の ワークとトレーニング

新保庄三＋田中和子●編著

「トラブルを防ぐ、大きくしない、
心地よい信頼関係をつくる」──
園運営の要になる園と保護者との
関係づくりの3大原則をどうきずくか？
具体的なスキルアップのワークとレッスン。

**いざというとき、あわてないために！ すぐにできる
関係づくりのアイデア、トラブル対処のワークを満載。**

今日から役立つワーク・
トレーニング・アイディ
ア・実践事例が満載！
1人でも、グループでも
活用できて、園内研修
のテキストとしても、最
適です。

＊B5判／128頁／2色刷り
＊定価（本体1800円+税）

──〈もくじ〉──

第1部　保護者理解と支援のキホン
ウォーミングアップ　あなたなら、どう対応しますか？
1　保護者支援・対応　3つの「キホン」
2　支援の視点と対応のポイント
3　ジェノグラム（家族図）の活用

第2部　日常的な関係づくりメソッド
1　プロのテクニックとトレーニング法
2　コミュニケーション　土台づくりのポイント
3　懇談会&保護者会　盛り上げアイディア
4　保育者のストレス解消のコツ

第3部　トラブルを大きくしない対処の方程式
1　トラブルに備えたワークとトレーニング
2　クレーム初期対応のポイント
3　小さな事故（けが）の初期対応
4　自園での対処の方程式をつくる

●資料　虐待対応の基本

〒113-0033 東京都文京区本郷 2-17-13-101
TEL 03-3811-1372／FAX 03-3811-1383
ひとなる書房
ホームページ http://hitonarushobo.jp